RÉFORMATION

DE LA

NOBLESSE DE BRETAGNE

1668-1671

DU BREIL

RÉFORMATION

DE LA

NOBLESSE DE BRETAGNE

1668-1671

DU BREIL

———

Arrêt du 21 novembre 1668

AVEC

Un extrait de ceux des 7 août 1669 et 4 février 1671

VANNES

LIBRAIRIE LAFOLYE

—

1897

RÉFORMATION

DE

LA NOBLESSE DE BRETAGNE

1668-1671

<span>~~~~~~~~~~~~</span>

.

DU BREIL

ARRÊT DES COMMISSAIRES A LA RÉFORMATION DE LA NOBLESSE RENDU
EN FAVEUR DE MM. DU BREIL.

21 novembre 1668[1]

*Extrait des registres de la Chambre établie par le Roi pour la réfor-
mation de la noblesse de la province et duché de Bretagne, par
lettres patentes de Sa Majesté du mois de janvier mil six cent
soixante huict, et vérifiées en Parlement.*

ENTRE LE PROCUREUR GÉNÉRAL DU ROI,

Demandeur, d'une part ; et messire *Louis du Breil*, chevalier, sieur
châtelain du Pontbriand, faisant tant pour lui que pour messires
René et *Anonyme du Breil*, ses frères puînés d'un second mariage, et
pour messire *René-Noël-Marc du Breil*, chevalier, sieur de la Garde.
Pontbriand, messire *François-Armand du Breil*, ses oncles ; dame

---

[1] Le texte que nous publions a été établi d'après deux copies anciennes des
archives des châteaux de Quimerc'h et du Crévy, collationnées avec celle que
possède la Bibliothèque nationale. Celle-ci, provenant du cabinet d'Hozier
et corrigée soigneusement de la main de ce généalogiste, porte les mentions
suivantes :

« Copié mot-à-mot sur une copie altérée en beaucoup d'endroits et mal

Françoise du Breil, veuve de feu messire *Louis du Breil*, chevalier, sieur du Chalonge, mère et tutrice de messire *Claude-Judes du Breil*, chevalier, sieur dudit lieu du Chalonge, leur fils aîné, et messire *Ferdinand du Breil*, chevalier, leur fils puîné ; messire *Jean du Breil*, chevalier, sieur du Plessis-de-Retz, faisant pour lui et messire *Claude du Breil*, chevalier, sieur comte de Balisson, *Gui-Sylvestre du Breil*, écuyer, sieur dudit lieu, écuyers *François du Breil* et *Guillaume-Dinan du Breil*, ses enfants ; messire *Anthime-Denis du Breil*, sieur des Hommeaux, *Gui* et *Charles du Breil*, ses frères puînés ; messire, *François du Breil*, chevalier, sieur châtelain de la Motte-Olivet, faisant tant pour lui que pour messire *Louis du Breil*, écuyer, sieur du Boisruffier, son frère puîné ; *Jean-Adrien du Breil*, écuyer, sieur de l'Hôtellerie, tant en son nom que celui de *Charles-Gilles du Breil François-Dominique* et *Gabriel du Breil*, ses frères puînés ; messire *Jean du Breil*, sieur du Plessis-Chalonge, faisant tant pour lui que pour messires *Gabriel* et *François du Breil*, ses puînés ; *Julien du Breil*, écuyer, sieur du Demaine, faisant pour lui et *Jean du Breil*, écuyer, son frère puîné ; messire *Gui du Breil*, sieur de la Corbonnays ; *Isaac du Breil*, sieur de Saint-Luen ; messire *Gui du Breil*, sieur de la Tousche-de-Retz, faisant pour lui et pour écuyer *François du Breil*, sieur de Géberge, écuyer *Jean du Breil*, sieur de la Villebotherel, et écuyer *Mathurin du Breil*, ses frères puînés, et *Gilles du Breil*, écuyer, sieur du Tertre-Halo, deffendeurs.

Vu par la Chambre établie par le Roi pour la réformation de la noblesse de Bretagne, par lettres patentes de Sa Majesté du mois de janvier dernier et an présent 1668, et vérifiées en Parlement, huict extraits de ladite Chambre, portant les comparutions et déclarations faites au greffe d'icelle par ladite du Breil, veuve dudit du Breil, sieur du Chalonge ; lesdits Jean du Breil, sieur du Plessis-de-Retz Jean du Breil, sieur du Plessis-Chalonge, pour lui, Gabriel et François du Breil, ses puînés ; Anthime-Denis du Breil, sieur baron des Houmeaux, François du Breil, sieur de la Motte-Olivet ; Louis du Breil, sieur du Pontbriand, pour lui, René du Breil, sieur de Saint-

« entendue, qui m'a été représentée par M. du Breil de Pontbriand, reçu page
« du Roi dans la Grande Ecurie en mai 1705. »
« J'ai vu, depuis, l'original de cet arrêt, au mois d'août 1709. »
Et enfin : « Vérifié sur l'original en parchemin, communiqué par M. de
« Pontbriand en mars 1733. »
Ces trois textes n'offrent que de très légères dissemblances. C'est au dernier que nous nous sommes généralement rapportés, et nous en avons également suivi l'orthographe, un peu plus moderne que celle des deux autres.

Carné, et Anonyme du Breil, sieur de Saint-Launays, ses frères puinés ; messire René-Noël-Marc du Breil, sieur de la Garde ; messire François-Armand du Breil, sieur de Belleville ; messire Jean du Breil, sieur de la Tousche-de-Retz, faisant tant pour lui que pour écuyers François du Breil, sieur de Géberge, Jean du Breil, sieur de la Villebotherel, et Mathurin du Breil, ses frères, de soutenir les qualités d'*écuyers, messires* et *chevaliers*, par eux et leurs prédécesseurs prises, et qu'ils portent pour armes : *D'azur à un lion d'argent, armé et lampassé de gueules ;* lesdits extraits, en date des 22, 24 et 27e septembre, 5. 8, 13 et 27e octobre dernier, an présent 1668, signés : le Clavier, greffier ; cinq autres extraits de comparutions faites au greffe de la dite Chambre, contenant aussi les déclarations desdits Gui du Breil, sieur de la Corbonnays ; Isaac du Breil, sieur de Saint-Luen ; Julien du Breil, sieur du Demaine, Jean-Adrian du Breil, sieur de l'Hôtellerie, faisant tant pour lui que pour écuyers Louis-Charles-Gilles[1], François-Dominique et Gabriel du Breil, ses frères puinés, et Gilles du Breil, sieur du Tertre de soutenir la qualité d'*écuyers*, par eux et leurs prédécesseurs prise, et qu'ils portent pour armes : *D'azur au lion d'argent* ; lesdits extraits, en date des 15, 20 et 22e septembre 1668, et 25e octobre audit an, signés dudit le Clavier, greffier.

INDUCTION de la dite du Breil, veuve dudit du Breil, sieur du Chalonge, tutrice de leurs enfants, sur le seing de maistre Pierre Busson son procureur, fournie et signifiée au procureur général du Roi, par Nicou, huissier, le 9e dudit mois d'octobre, par laquelle elle soutient Claude-Judes du Breil et Ferdinand du Breil, ses enfants, être nobles et d'ancienne chevalerie et extraction noble, et, comme tels, devoir être, eux et leur postérité née en loïal et légitime mariage, maintenus dans les qualités de *messires, écuyers* et *chevaliers*, par eux et leurs prédécesseurs prises, et dans tous les droits, prééminences, privilèges et exemptions attribués aux autres véritables nobles et chevaliers de la Province, et qu'à cet effet, ils seront employés et inscrits au rôle et catalogue d'iceux du ressort de la juridiction roïale de Dinan.

Pour établir la justice desquelles conclusions, articule, en fait de généalogie, que les dits Claude-Judes et Ferdinand du Breil sont issus dudit défunt Louis du Breil, de son mariage avec ladite du Breil, sa veuve, deffenderesse ; lequel Louis étoit issu de Toussaint du Breil, et de dame Jeanne de Thuder ; que ledit Toussaint étoit fils de Ro-

---

[1] Appelé plus haut « Charles-Gilles » seulement.

land du Breil et de dame Françoise du Bois-le-Hou ; que ledit Roland étoit fils[1] de Jean du Breil et de damoiselle Gillette du Boistravers ; que ledit Jean étoit fils de Raoul du Breil et de damoiselle Bertranne d'Yvignac ; que ledit Raoul étoit fils d'Olivier du Breil et de dame Marie de Québriac ; que ledit Olivier étoit fils d'autre Olivier du Breil et de dame Guillemette Lenfant ; que ledit Olivier étoit fils de Roland du Breil et de damoiselle Olive Chastel ; tous lesquels se sont toujours régis, gouvernés noblement et avantageusement, alliés dans les plus illustres maisons de la Province, ont été en beaux employs leur donnés par les Rois pour récompenses de leurs services, pris et porté les qualités de *haut et puissant, messire* et *chevalier*[2].

Pour le justifier, rapporte la dite du Breil, audit nom, sur le degré dudit sieur du Chalonge, son mari, deux pièces :

La première, du 13e décembre 1660, est la tutelle desdits Claude-Judes et Ferdinand du Breil, Anne et Guyonne du Breil, ses enfants de leur mariage, portant l'institution de ladite du Breil en la charge de tutrice, faite d'autorité de la Cour et siège présidial de Rennes, dans laquelle défunt Louis du Breil est qualifié de messire et seigneur. Signé : Jamois, pour Courtois.

La seconde est un contract de mariage passé entre messire Michel la Choüe, seigneur de la Brunaye, fils unique et héritier de feu messire Jean la Choüe, vivant seigneur de la Hautière, et de dame Renée Ferron, ses père et mère, et damoiselle Anne du Breil, fille mineure de feu messire Louis du Breil, vivant seigneur du Chalonge et de la Gibonnays, et de dame Françoise du Breil, vivante, ses père et mère, le 25e octobre 1664 ; signé : Gohier et Bohuon.

Sur le degré dudit Toussaint du Breil, sont rapportées trois pièces :

La première est un contract de mariage passé entre messire Georges de Talhouët, seigneur de Queravéon, conseiller du Roi en sa Cour et parlement de Bretagne, et damoiselle Henriette du Breil, fille aînée de messire Toussaint du Breil et de dame Jeanne de Thuder, son épouse, seigneur et dame du Chalonge, le 28e août 1620 ; signé : le Forestier, notaire.

La seconde, du 31e août 1633, est un contract de mariage passé entre écuyer Yves Uguet, sieur de l'Aumosne, fils aîné et héritier principal et noble de défunt écuyer Gilles Uguet et dame Anne Fran-

---

[1] Il y a ici une génération omise (Jean du Breil et Gillette ou Guillemette de la Motte), comme on le verra par les pièces rapportées ci-après.

[2] Pour faciliter l'intelligence du texte, nous avons séparé les degrés et les différentes pièces énumérées, par des alinéas qui n'existent pas dans le texte transcrit.

chet, ses père et mère, et damoiselle Judith du Breil, fille puinée de messire Toussaint du Breil et de dame Jeanne de Thuder, ses père et mère, seigneur et dame du Chalonge ; par lequel il est stipulé que ledit seigneur du Chalonge donnera à sa dite fille, outre la dot lui promise, meubles et habits comme à fille de bonne maison ; signé : Forestier.

La troisième est un contract de mariage entre messire Louis du Breil, seigneur du Chalonge, fils aîné et héritier principal et noble de défunt messire Toussaint du Breil et de dame Jeanne de Thuder, ses père et mère, et damoiselle Françoise du Breil, fille aînée de noble et puissant Gui du Breil, chevalier, seigneur de Raye, et de noble et puissante dame Claude du Boiséon, le 6e février 1640; signé : Forestier.

Sur le degré dudit Roland du Breil, sont rapportées cinq pièces :

La première est un acte de tutelle fait d'autorité de la juridiction roïale de Dinan, de Gui, Toussaint, Jean-Claude, Roland-Jean[1] et Françoise du Breil, enfants mineurs de défunt messire Roland du Breil, chevalier de l'Ordre du Roi, seigneur du Chalonge, et de dame Françoise du Boislehou, sa compagne, le 29e janvier 1590 ; par lequel ladite dame du Chalonge est instituée tutrice de ses enfants ; signés : Charton.

La seconde est un aveu rendu au Roi par noble et puissante dame Françoise du Boislehou, veuve de feu noble et puissant Roland du Breil, seigneur du Chalonge, chevalier de l'Ordre du Roi, mère et tutrice de noble homme Toussaint du Breil, fils aîné, héritier principal et noble dudit défunt Roland du Breil, le 17e d'avril 1599 ; signé : Françoise du Boislehou, le Roy et le Forestier, notaires.

La troisième est un contract de mariage passé entre messire Toussaint du Breil, seigneur du Chalonge, et demoiselle Jeanne de Thuder, dame de Launay, fille unique et seule héritière de défunt écuyer Pierre de Thuder, vivant sieur dudit lieu de Launay, et de damoiselle Jeanne Fleuriot, sa compagne, ses père et mère ; au pied duquel est le consentement des parents de ladite Fleuriot, qui déclarent approuver ledit mariage avec ledit Toussaint du Breil, par eux qualifié noble et puissant et chevalier ; lesdits actes, en date des 18e novembre et 12e décembre 1608, signés : le Forestier.

La quatrième, du 18e janvier 1611, est un acquit de la somme de 16,000 livres, consenti par noble et puissant messire Toussaint du Breil, chevalier, seigneur du Chalonge, au révérend père en Dieu.

[1] C'est ainsi que cette énumération semble devoir être lue, quoique les traits d'union soient un peu douteux. Ce Roland-Jean ne serait pas autrement connu.

messire Jean Fleuriot, abbé de Bégard, à valoir sur la dot lui promise par son contract de mariage avec dame Jeanne de Thuder, nièce dudit sieur abbé de Bégard; signé : Bléjon et Rolland.

La cinquième est un contract de mariage passé entre messire Jean du Breil, seigneur du Plessis-Chesnel, gentilhomme ordinaire de la Vennerie du Roi, lieutenant au gouvernement de la ville, château et baronnie de Fougères, et dame Suzanne Lesné, dame du Préguéraut, veuve de défunt nobles homs Claude du Pré, le 15e août 1615; signé : de Chever et Préhart.

Sur le degré dudit Jean du Breil, père dudit Roland, sont rapportées sept pièces :

La première, du 7e avril 1578, est un contract de vente fait par écuyer Michel du Breil, sieur de la Chesnaye, à messire Roland du Breil, seigneur du Chalonge, chevalier de l'Ordre du Roi, lieutenant de cinquante hommes d'armes, gentilhomme ordinaire de la Chambre de Monseigneur et du roi de Navarre, de la maison et terre de la Garaye, en Pleurtuit ; par lequel il se voit : premièrement, que ladite terre lui avoit été précédemment donnée par ledit Roland, à viage, pour son droit de partage aux successions de défunts noble homs Jean du Breil et damoiselle Gillette de la Motte, leurs père et mère, comme partage suivant la manière des autres chevaliers qui ont reçu l'assize du comte Geffroy, et secondement, que, depuis ledit partage, la propriété de ladite terre lui avoit été vendue par ledit Roland ; signé : Fleuri et Pugnant.

La seconde est un contract de mariage passé entre damoiselle Jeanne du Breil, fille aînée dudit Jean du Breil et de damoiselle Guillemette de la Motte, et sœur de Roland du Breil, chevalier, seigneur du Chalonge, et nobles homs messire Gilles Ferron, sieur de la Ferronnays, chevalier de l'Ordre du Roi, le 7e juin 1573; par lequel, après que ladite Jeanne auroit reconnu les successions de ses défunts père et mère être nobles et avantageuses, et avoir été de tout temps gouvernées noblement, ledit Roland, seigneur du Chalonge, outre la dot de ladite Jeanne du Breil, sa sœur, promet de l'accoustrer comme à fille de telle maison appartient ; signé et scellé.

La troisième, en date du 4e septembre 1575, est un contract de mariage entre nobles homs Mathurin de la Provosté, seigneur dudit lieu et de Coutances, et damoiselle Marguerite du Breil, sœur dudit Roland et fille dudit Jean du Breil et de ladite de la Motte ; signé et garanti.

La quatrième, du 15e février 1573, est un mandement donné audit Roland du Breil, chevalier de l'Ordre du Roi, de la charge de guidon

des gentilshommes de l'évêché de Saint-Malo convoqués à l'arrière-
ban ; ledit mandement donné audit Roland du Breil, à cause de la
bonne conduite, services, suffisance, expérience, charges et comman-
dements qu'il avoit précédemment eus ; ledit mandement signé et
scellé.

La cinquième, du mois de may 1576, est un mandement de gen-
tilhomme ordinaire de la Chambre de Monsieur, le fils et frère de
Roi, donné audit Roland du Breil, chevalier de l'Ordre du Roi ; signé :
François, et scellé.

La sixième est un mandement de gentilhomme ordinaire de la
Chambre de Henry, roi de Navarre et de Béarn, donné audit Roland
du Breil, chevalier de l'Ordre du Roi, le 14e may 1576 ; signé : Henry,
et scellé.

La septième est un contract de mariage passé entre ledit Roland
du Breil, et dame Françoise du Boislehou, fille aînée de noble et
puissant messire Jean du Boislehou, chevalier de l'Ordre du Roi,
seigneur dudit lieu du Boislehou, et de défunte damoiselle Gillette
Turpin, en date du 19e juin 1580 ; par lequel contract, ledit seigneur
du Boislehou, son père, s'oblige à accoustrer sadite fille comme à fille
de bonne et ancienne chevalerie ; ledit contract, fait de l'avis de
haut et puissant messire Gui de Rieux, seigneur de Châteauneuf,
messire Julien du Breil, chevalier, seigneur de Retz, Jean du Breil,
seigneur du Pin, et plusieurs autres gentilshommes qualifiés, rapportés parens desdits mariés ; signé : Bardoul.

Sur le degré d'autre Jean du Breil, père dudit Jean, est rapportée
une transaction en forme de partage, du 17e juillet 1560, faite entre
ledit Jean du Breil, héritier principal et noble d'autre Jean du Breil,
écuyer, seigneur du Chalonge, et damoiselle Gillette du Boistravers,
et écuyer Bertrand du Breil, son frère puiné ; par laquelle, après
que ledit Bertrand a reconnu les successions de leurs dits défunts
père et mère être nobles et avoir été par leurs prédécesseurs trai-
tées en partage noble et avantageux, ledit Jean, de l'avis de messire
Jean du Breil, chevalier, seigneur de la Tousche et de Touraude, et
de l'avis d'écuyer Julien du Breil, seigneur du Pin-Pontbriand, capitaine de Redon, lui donne, pour son droit de partage auxdites
successions, la terre de la Bardellière, pour en jouir par usufruit,
à viage seulement.

Sur le degré de Raoul du Breil, père dudit Jean, est rapportée une
transaction en forme de supplément de partage, du 17e juillet 1540[1],

---

[1] D'Hozier a cru lire « 1560, » mais remarque que cette date est incompa-
tible avec celle des ratifications.

passée entre nobles gens Jean du Breil, héritier principal et noble, par représentation d'autre Jean du Breil, son père, de ladite damoiselle Bertranne d'Yvignac, son aïeule, encore, par la même représentation, héritier présomptif principal et noble dudit Raoul, son aïeul, d'une part, et Pierre et Hubert du Breil, écuyers, ses oncles, enfants puînés dudit Raoul et de ladite d'Yvignac ; par laquelle transaction, pour demeurer quitte du partage dû auxdits puînés, en la succession échüe de la dite d'Yvignac, leur mère, même en celle à écheoir dudit Raoul, leur père, après que lesdits puînés reconnurent lesdites successions échües et à écheoir nobles et avantageuses, et avoir été, au temps passé, gouvernées noblement, même avoir reçu précédemment plusieurs sommes à valoir auxdites successions, leur donne, par manière de supplément, la somme de 60 escus d'or sol, payable après le décès dudit Raoul, leur père, et aïeul dudit Jean, leur neveu. Au pied duquel acte, sont les acquits et ratifications de ladite transaction, en date du 19e janvier 1544 et 25e may 1545.

Sur le degré dudit Olivier, père dudit Raoul, sont rapportées quatre pièces :

La première, du 20e may 1493, est une transaction passée entre écuyer Charles du Breil, seigneur de Plumaugat, tuteur de noble écuyer Raoul du Breil, seigneur du Chalonge et de Gouillon, fils et héritier principal et noble d'écuyer Olivier du Breil, vivant seigneur desdits lieux, son père, d'une part, et haut et puissant Jean, sieur de Coesquen, d'autre part, touchant un bois taillis et 100 livres de rente transportés par ledit Olivier audit sieur de Coesquen.

La seconde, du 26e may 1492, est l'avis des parens dudit Raoul du Breil, touchant son mariage avec ladite d'Yvignac ; auquel il est qualifié petit fils de nobles homs maistre Olivier du Breil, seigneur du Chalonge et de Gouillon.

La troisième, du 19e may 1505, est une transaction entre lesdits Raoul, fils aîné, héritier principal et noble d'écuyer Olivier du Breil et Marie de Québriac, ses père et mère, seigneur et dame de Gouillon, d'une part, et noble homme messire Louis d'Yvignac, chevalier, seigneur dudit lieu, son beau frère, touchant la gestion des biens dudit Raoul par ledit d'Yvignac.

La quatrième, du 8e juillet 1510, est une procédure entre ledit Raoul, héritier principal et noble desdits Olivier du Breil et Marie de Québriac, ses père et mère, d'une part, et écuyer Guillaume de Langan, d'autre, touchant les violences commises par ledit de Langan, en la personne dudit Olivier, père dudit Raoul.

Lesdites pièces signées, garanties et scellées.

Sur le degré d'autre Olivier du Breil, père dudit Olivier, sont rapportées deux pièces :

La première, du 19e novembre 1479, est une quittance de rachapt, donnée audit Olivier du Breil, fils de M. Olivier du Breil, seigneur du Chalonge et de Gouillon, des terres, fiefs, seigneuries, juridictions, moulins, colombiers et autres droits seigneuriaux que ledit Olivier du Breil possédoit sous la seigneurie de Châteauneuf par le décès de sondit père.

La seconde, du 6e juillet 1468, est un contract de mariage d'entre damoiselle Marguerite du Breil, fille desdits Olivier du Breil et Guillemette Lenfant, et sœur dudit Olivier, marié avec ladite de Québriac, d'une part, et noble écuyer Jean Raguenel, seigneur de Montigny.

Sur le dégré de Roland du Breil, père dudit Olivier, sont rapportées sept pièces :

La première, du mercredy après Pasques 1446, est un contract de mariage d'entre ledit Olivier du Breil, fils dudit Roland et de noble damoiselle Olive Chastel, d'une part, et damoiselle Guillemette Lenfant, fille de nobles homs messire Jean Lenfant et de damoiselle Marie le Forestier, d'autre.

La seconde, du 23e mars 1451, est une assiette faite audit Olivier, par feu messire Jean Lenfant, chevalier, seigneur de la Tandourie, fils et héritier principal et noble desdit Jean Lenfant et Anne le Forestier et frère de ladite Gillette Lenfant, du droit de partage de ladite Gillette Lenfant aux successions de ses défunts père et mère.

Le troisième, en date du 26e mars 1492, est l'avis des parens convoqués pour le mariage dudit Raoul du Breil avec demoiselle Bertranne d'Yvignac, ci-dessus daté, justifiant que ledit Olivier avoit pour frère Roland du Breil.

Le quatrième, du 26e mars 1459, est un contract de mariage de noble damoiselle Charlotte du Breil, fille de feu Roland du Breil et de noble damoiselle Olive Chastel, ladite du Breil sœur de nobles homs maistre[1] Olivier du Breil, seigneur du Chalonge, d'une part, et Bertrand de la Ravillays, seigneur dudit lieu ; auquel contract de mariage, ladite Charlotte du Breil est qualifiée veuve de nôble homme Robert de Richebois, seigneur de Richebois.

---

[1] « On donnoit cette qualité à tous ceux qui estoient dans la Robe ou dans « l'Eglise, de quelque condition qu'ils fussent. Ainsi on trouve : maistre « Henri de Malestroit, maistre Jean de Vitré, maistre Bertrand de Rosmadec, « maistre Pierre de l'Hôpital. »
(Dom LOBINEAU. *Glossaire*).

La cinquième, du 8ᵉ novembre 1463, est une procédure entre ledit Olivier du Breil, seigneur du Chalonge et de Gouillon, d'une part, et les seigneurs de Châtauneuf et de Malestroit, touchant la mouvance de la terre et seigneurie de la Tourniole, appartenant à messire Gilles Madeuc, chevalier, seigneur de la Tourniole, ladite mouvance prétendue par ledit du Breil comme seigneur de la paroisse de Pleudihen ; avec la quittance du rachapt, dudit jour, 19ᵉ novembre 1479, ci-dessus datée et induite.

La sixième, du 26ᵉ juillet 1466, est une surséance donnée par François second, duc de Bretagne, audit Olivier du Breil, son conseiller et procureur général, avec deffence de faire aucunes poursuites contre ledit Olivier, attendu qu'il ne pouvoit vacquer à ses affaires ni de sa famille, étant occupé en celles dudit seigneur duc.

La septième, du 12ᵉ mars 1474, est une remise faite par ledit duc François second, audit Olivier du Breil, son conseiller et sénéchal de Rennes, en considération des bons et agréables services qu'il lui avoit rendus, et à ses prédécesseurs François, Pierre et Arthur, des lods et ventes des terres acquises par ledit Olivier, proche les terres du Chalonge et du Vaudemel, aux paroisses de Tréveron et autres circonvoisines.

Lesdites sept pièces signées et garanties.

Un acte du 18ᵉ mars 1498, qui sont des lettres d'interdiction obtenues par Charles du Breil, tuteur d'écuyer Raoul du Breil, petit-fils de maistre Olivier du Breil et de damoiselle Gillette Lenfant, par lesquelles il est porté que le Roi, instruit des profusions de biens et dessipation des actes, titres et enseignements, concernant la succession de défunt Olivier du Breil, desquels elle étoit demeurée saisie après son décès, et voulant maintenir, garder et conserver les maisons nobles de son roïaume, auroit interdit ladite veuve de la jouissance de ses biens ; les dites lettres signées et scellées.

INDUCTION dudit Louis du Breil, chevalier, sieur châtelain du Pontbriand, faisant tant pour lui que pour René et Anonyme du Breil, ses frères puinés d'un second mariage, et pour messire René-Noël-Marc du Breil, chevalier, sieur de la Garde et de Pontbriand, messire François-Armand du Breil, sieur de Belleville, ses oncles, sur son seing et de maistre Pierre Provost, son procureur, en date du 12ᵉ jour d'octobre dernier et an présent 1668 ; par laquelle il soutient être nobles, issus d'ancienne chevalerie et extraction noble, et, comme tels, devoir être, eux et leur postérité née et à naître en loïal et légitime mariage, maintenus dans les

qualités de *messire, écuyer* et *chevalier*, et dans tous les droits,
privilèges, prééminences et exemptions attribués aux véritables
nobles et chevaliers de cette province, et qu'à cet effet, leurs noms
seront employés au rôle et catalogue d'iceux du ressort de la juridiction roïale de Dinan ; articulant, en faict de généalogie, qu'il est descendu originairement de noble écuyer Jean du Breil, qui épousa,
en l'an 1320, dame Gervaise le Borgne ; duquel mariage issut
Roland du Breil, seigneur du Chalonge, qui fut marié avec dame
Olive Chastel, de la maison de Rouverays ; duquel mariage sortit
messire Olivier du Breil, seigneur du Chalonge, qui fut procureur
général, et messire Roland du Breil, qui fut premier président au
parlement de Bordeaux et second président aux Grands Jours, qui
épousa cinq femmes, sçavoir : dame Philipotte de Québriac ; la
seconde, dame Jeanne Férigat ; la troisième, dame Gillette de
Champaigné ; la quatrième, Gillette de la Tousche, douairière de
Trémigon, et la cinquième, Jeanne Gouïon ; et, du mariage avec
ladite Férigat, il eut plusieurs enfants, entre autres : Charles du
Breil, chevalier, sieur du Pontbriand, qui épousa dame Guyonne du
Pontbriand, fille de messire Jean du Pontbriand et de dame Marguerite le Vicomte ; duquel mariage issut[1] messire Julien du Breil,
chevalier de l'Ordre du Roi, seigneur du Pontbriand, commissaire et
capitaine du ban et arrière-ban, gouverneur de Redon, qui épousa
dame Marie Ferré, fille de messire Charles Ferré et de dame Péronnelle du Guémadeuc ; duquel mariage issut Jean du Breil, héritier
principal et noble, et autres, et, en secondes noces, dame Julienne
de la Villéon, fille aînée du Boisfeillet ; lequel Jean du Breil fut commissaire général au ban et arrière-ban de l'évêché de Saint-Malo,
capitaine de trois cents hommes d'armes, qui épousa, en premières
noces, dame Claude Bruslon, et, en secondes noces, dame Julienne
de Launay-Comatz, veuve de messire Jean de Quennelec, de la quelle
il n'y eust aucuns enfants, et du premier mariage, sortit messire
René du Breil, chevalier, seigneur du Pontbriand, qui épousa dame
Jacquemine de Guémadeuc, fille de messire Thomas de Guémadeuc,
et de dame Jacquemine de Beaumanoir ; duquel mariage issut messire Tanguy du Breil, fils aîné, héritier principal et noble, René du
Breil, sieur de la Garde, messire François du Breil, seigneur de
Belleville, damoiselles Renée et Jacquemine du Breil, lequel Tanguy du Breil, chevalier, sieur du Pontbriand, fut marié, en pre-

---

[1] Erreur de filiation ; Julien était fils non de Charles, mais de Guyon, son
frère.

mières noces, avec dame Anne des Essarts, fille de messire Charles des Essarts, chevalier, marquis de Maigneux, et gouverneur de Montreuil, et dame Jeanne de Joigny, et, en secondes noces, avec dame Marguerite Bernard, héritière de Monterfil et veuve de feu M. Busnel, avocat général ; du premier mariage est issu messire Louis du Breil, seigneur du Pontbriand, et du second, René et Anonyme du Breil ; lequel Louis a épousé dame Bonne de Névet, fille de messire Jean de Névet et de dame Bonaventure du Liscoët ; lesquels du Breil, prédécesseurs dudit Louis et dont il est descendu, ont eu la gloire d'être non seulement marqués au temple de Mémoire, pour avoir mille fois hazardé leurs vies pour le service de leurs princes dans les armées, mais aussi, avoir rendu la justice à leurs peuples, en qualité de premiers présidents, procureurs généraux, présidents aux Grands Jours et juges universels de la Province ; outre que, dans leurs personnes et biens, ils se sont, de tout temps immémorial, comportés et gouvernés noblement ; pris les qualités de *hauts et puissants, messires* et *chevaliers*, et ainsi, il a cru être bien fondé à soutenir lesdites qualités de *messire*, *d'écuyer* et de *chevalier* ; et pour le justifier, rapporte :

Sur le degré de Louis du Breil, chevalier, sieur du Pontbriand :

Un extrait du papier baptismal de l'église de Saint-Germain-en-Laye, où il est refféré que le roi Louis Treize l'honora de son nom sur les fonts du baptême, et fut marraine dame Marie-Louise de Cossé, maréchale de la Meilleraye ; ledit extrait, daté au délivrement du 20° août 1664.

Un contract de mariage passé entre ledit Louis du Breil, chevalier, seigneur du Pontbriant, et Bonne de Névet, fille de haut et puissant messire Jean de Névet, chevalier, seigneur dudit lieu, et de dame Bonaventure du Liscouët, fait par l'avis de haut et puissant messire René de Névet, marquis dudit lieu, frère aîné de la dite damoiselle, de noble et puissant messire Pierre le Voyer, seigneur de Trégoumar, de messire Julien de Larlan, conseiller et président au Parlement, messire François de Quergoët, seigneur du Quilly, président au présidial [de Quimper ; ledit contract, au rapport de Gohier, notaire roïal à Rennes, en date du 26° jour de may 1667.

Trente pièces rapportées sur le même degré, qui sont : lettres de Monsieur l'amiral de France ; ordre particulier ; lettres de Monsieur le marquis de Coëtlogon, lieutenant pour Sa Majesté en Bretagne et gouverneur de Rennes ; autres du sieur de Bellegrange ; desquelles il y en a quatre dudit sieur amiral, et le reste, du marquis de Coëtlogon, dudit sieur de Bellegrange, du sieur de Chevalitté et de

Vieilville, commandant à Saint-Malo ; ledit ordre et lettres, portant commandement et pouvoir, au sieur marquis de Pontbriand, pour faire une levée de matelots pour le service dudit amiral ; avec copie de la lettre du Roi écrite audit commandant, et le rôle desdits matelots.

Sur le degré de Tanguy du Breil, père dudit Louis, est rapporté :

Un extrait du papier baptismal de l'église Saint-Sauveur de Dinan, par lequel conste que Tanguy du Breil, fils de noble homme René du Breil et de dame Jacquemine de Guémadeuc, seigneur et dame du Pontbriand, fut baptisé le 29e avril 1612 ; et fut parrain messire Sébastien de Rosmadec, baron de Molac, et marraine, haute et puissante dame Hélène de Beaumanoir, marquise d'Acigné; ledit extrait signé : François Pleuvier, de Launay et Massu, notaires roïaux.

Un contract de mariage passé entre messire Tanguy du Breil, chevalier, sieur du Pin-Pontbriand, fils aîné, héritier principal et noble de messire René du Breil et de dame Jacquemine du Guémadeuc, seigneur et dame desdits lieux du Pin-Pontbriand, ses père et mère, et damoiselle Anne des Essarts, fille d'honneur de la Reine, et fille de messire Charles des Essarts, vivant chevalier, seigneur baron de Maigneux, gouverneur pour Sa Majesté des ville et citadelle de Montreuil-sur-Mer, et de dame Jeanne de Joigny ; ledit contract fait en présence de Leurs Majestés, qui signèrent en la minute, et du consentement de messire Charles des Essarts, chevalier, seigneur de Meigneux, gentilhomme ordinaire de la Chambre, frère de ladite damoiselle ; dame Anne des Essarts, veuve de feu messire Elizambert de Baradas, seigneur de Verneuil ; messire André des Essarts, abbé de Tupigny ; dame Catherine le Vayer (?) dame de la Flotte, dame d'atours de la Reine ; ledit contract, daté du 9e juillet 1639, du rapport de Claude de Troyes et Jacques Pargues, notaires gardes-notes du Roi au Chastelet de Paris.

Lettres octroyées par Louis, roi de France, au capitaine Pontbriand, commandant une compagnie au régiment des Galères de Sa Majesté, le 23e juillet 1636, portant commission et ordre audit sieur du Pontbriant de lever et mettre sur pied une compagnie de cent hommes, soldats d'augmentation, et pour être par lui conduite sous l'autorité du duc d'Epernon, colonel général de l'Infanterie françoise ; lesdites lettres signées : Louis, et plus bas : par le Roi, Sublet, et scellées.

Un brevet octroyé par ledit Louis, roi de France, à la dame de Pontbriand, portant provision d'une pension lui donnée de 2.000 livres de rente, en date du 30e octobre 1638.

Un passeport donné par le sieur des Noyers à M. du Pontbriand, capitaine au régiment des Galères, qui s'en retournoit trouver Monsieur le prince de Monoques (*sic*); ledit passeport, daté du camp devant Perpignan, le 29e may 1642, signé : des Noyers.

Une transaction passée entre ledit sieur du Pontbriand et ladite dame des Essarts, sa compagne, pour la légitime d'elle, avec messire Charles des Essarts, marquis de Maigneux, maistre de camp d'un régiment entretenu par Sa Majesté ; dame Anne des Essarts, veuve de feu messire Elizambert de Baradas, chevalier, seigneur et vicomte de Verneuil, capitaine au régiment de Navarre ; messire Pierre des Essarts, seigneur de Guésigny, conseiller et maistre d'Hôtel de Monsieur le duc d'Orléans ; messire Jean des Essarts, seigneur de Marcot, capitaine au régiment de Maigneux ; messire Henri des Essarts, abbé de Maigneux; messire Hercule-Joachim des Essarts, seigneur, vicomte de Meigneux, premier capitaine et major au régiment de Mauchigny; messire Bertrand des Essarts, chevalier de Malthe, sieur d'Aubricou, capitaine d'une compagnie de chevau-légers; messire Hiérosme des Essarts, chevalier, sieur du Hamelet; dame Ulgannie des Essarts, dame du Crévy, tous frères et sœurs de ladite dame, le 5e may 1644.

Une lettre écrite par le marquis de Montpézat, adressante à Monsieur de Pontbriand, commandant pour le Roi à St-Honorat, sans date ; signée : de Montpézat.

Un contract de mariage fait entre ledit Tanguy du Breil, chevalier, sieur du Pin-Pontbriand, fils aîné, héritier principal et noble de noble et puissant seigneur messire René du Breil, aussi chevalier, et de noble et puissante dame Jacquemine de Guémadeuc, seigneur et dame du Pontbriand, ses père et mère, et dame Marguerite Bernard, fille aînée, unique et présomptive héritière d'écuyer Olivier Bernard, sieur de Lesmée et des Greffins, et de dame Louise de la Porte, sa compagne, ladite Bernard, veuve de messire Jacques Busnel, conseiller et avocat général au parlement de Bretagne ; ledit contract fait par l'avis et en présence de ladite dame de Lesmée ; desdits noble et puissant seigneur messire René du Breil, chevalier, et haute et puissante dame Jacquemine du Guémadeuc ; messire René du Breil, sieur de la Garde-Pontbriand ; messire Jean de Saint-Gilles, seigneur de Perronnay ; messire Gabriel Constantin, seigneur de la Fraudière, conseiller et doyen au Parlement ; messire François Gouïon, seigneur de Launay-Comatz ; messire Olivier de Montbourcher, seigneur de la Mayanne ; messire François Denyau, tous conseillers en la Cour ; messire Eustache du Boisbaudry, seigneur du Coudray ; dame Marie Busnel, veuve de messire Régnault du Breil, seigneur dudit lieu ; damoiselles Marguerite et Jeanne du Breil, ses filles ; René de la Marquerays, écuyer, sieur de la Léziardière, tous parents dudit du Breil ; en date du 30ᵉ août 1649.

Un arrêt rendu par le Conseil de la Reine, mère du Roi, au rapport du premier président dudit Conseil, le 1ᵉʳ octobre 1654, au profit dudit Tanguy du Breil ; par lequel, après une entière connoissance, la Reine, de l'avis de son Conseil, reconnoissant que, de tout temps, les prédécesseurs dudit sieur du Pontbriand ont eu de grandes charges, le confirme dans celle de capitaine garde-côtes dans l'évêché de Saint-Malo.

Lettres octroyées par Anne, reine de France, audit sieur du Pontbriand, portant commission de la charge de garde des côtes dépendant dudit Pontbriand, situées dans les rivières de Dinan et Plancouët, et des paroisses voisines de ladite côte, avec pouvoir de commander, tant aux paroissiens d'icelles que les vaisseaux étant et passant pour la garde de ladite côte ; lesdites lettres, en date du 12ᵉ novembre 1656, signées : Anne, et plus bas : par la Reine, mère du Roi : Servien, et scellées ; avec les lettres d'attache et consentement du duc de Mazarini, lieutenant général pour le Roi en Bretagne, en date du 22ᵉ août 1665, signées : le duc de Mazarini, et scellées.

Un contract d'acquêt fait par ledit Tanneguy du Breil, chevalier, sieur du Pontbriand, de la charge de grand provôt de Bretagne, d'avec messire François de Boisgeslin, chevalier, seigneur de la Toise, daté de l'année 1658, le 11ᵒ mars d'icelle, avec autre acte portant la résiliation dudit contract, fait en la même année.

Deux commissions, par Sa Majesté données audit Tanneguy du Breil, sieur du Pontbriand, pour commander deux frégates armées en guerre pour le service de Sa Majesté, qu'il avoit fait bâtir à ses propres frais, en date du 14ᵉ juillet 1666 ; signées : Louis, et plus bas : de Lionne, et scellées.

Autres lettres et attaches du sieur de Vandosme, amiral de France, du 1ᵉʳ octobre audit an 1665, signées : François de Vandosme, et plus bas : Matorel ; le tout enregistré, tant au greffe de la Cour que siège de Dinan, avec la sentence rendue audit Dinan sur l'enlégistrature d'icelles, du 6ᵉ octobre au même an ; signées et scellées.

Vingt et une lettres écrites et adressées à M. le baron du Pontbriand, capitaine garde-côtes de partie de l'évêché de St-Malo, tant par ledit sieur de Beaufort, amiral, que les sieurs lieutenants généraux et particuliers, portant l'avis et les ordres particuliers de Sa

Majesté, et reconnoissance d'icelle de l'affection qu'il avoit à son service.

Un ordre particulier donné par le duc de Mazarini, capitaine général de l'Artillerie de France, et lieutenant général pour le Roi en Bretagne, au sieur de Pontbriand, capitaine général garde-côtes de partie de l'évêché de St-Malo, touchant la volonté du Roi, le 11ᵉ juillet 1666 ; signé : le duc Mazarini, et scellé.

Autre ordre donné par le Roi et ledit duc de Mazarini, son lieu-tenant-général en Bretagne, tant audit sieur du Pontbriand qu'aux autres capitaines garde-côtes, pour empêcher la venue et l'abord des Anglois, à cause du mal contagieux qui étoit en leur roïaume en date du 6ᵉ novembre 1665 ; signé : le duc Mazarini, et scellé.

Autre, donné par Sa Majesté audit sieur du Pontbriand et autres capitaines et gardes-côtes, touchant l'usurpation et vexation faites sur les sujets à ladite garde, en date du 11ᵉ jour d'octobre audit an ; signé : le duc Mazarini.

Un autre, donné par le duc Mazarini audit sieur de Pontbriand, pour empêcher le trafic de quantité de marchands avec les Anglois, néanmoins les deffenses leur faites par Sa Majesté, en date du 18ᵉ septembre 1665, signé : le duc Mazarini, scellé.

Un mémoire adressé audit sieur du Pontbriand par le duc Mazarini, touchant les fonctions de la charge de capitaine gardes-côtes, sans date.

Autre mémoire intitulé : Instructions pour les capitaines garde-côtes, en date du 11ᵉ octobre 1665 ; signé : le duc de Mazarini.

Un autre ordre donné par ledit duc de Mazarini audit sieur du Pontbriand, capitaine garde-côtes de partie de l'évêché de Saint-Malo, pour choisir le nombre de matelots, par les sieurs députés dudit Saint-Malo, dans les paroisses de sa capitainerie, promis de fournir au Roi, et ce, du nombre de ceux qui sont dénommés aux rôles envoyés aux sieurs députés, en date du 1ᵉʳ jour de may 1666 ; signé : le duc de Mazarini, scellé.

Deux lettres adressantes, par le duc de la Meilleraye, à Monsieur du Pin-Pontbriand, et datées des 28ᵉ août et 22ᵉ décembre 1658 ; signées : la Meilleraye.

Un arrêt rendu au Conseil d'Etat du Roi, le 27ᵉ août audit an 1658, étant à Lyon, par lequel Sa Majesté, étant en son Conseil, a déchargé et décharge purement et simplement les sieurs du Pin-Pontbriand, père et fils, des poursuites civiles et criminelles, charges et infor-mations, décrets, arrêts et procédures qui se sont ensuivis contre eux en la Cour de Parlement et autres, pour raison de la garde et

conservation du château de Québriac, en exécution des arrêts du
Parlement de Rennes et des ordres du sieur maréchal de la Meilleraye, et de tout ce qui s'est passé audit fait, circonstances et dépendances, depuis qu'ils s'étoient saisis dudit château, jusques à
présent ; comme aussi tous ceux qui ont été employés par eux ou
avec eux dans toutes les entreprises sur ce faites, pour quelles
causes que ce puisse être ; veut et entend Sadite Majesté qu'ils
n'en puissent être recherchés ni inquiétés directement ou indirecte-
ment, en leurs personnes et biens, dont elle leur fait pleine et entière main-levée, et, sur ce, impose silence à son procureur général
audit parlement de Paris, ses substituts présents et advenir et à
tous autres, à peine de nullité, cassation de procédures, dépens,
dommages et intérêts ; ledit arrêt refféré et signé : de Lomenye,
avec une copie de la lettre écrite à Monsieur le chancelier.

Deux ordres et six lettres du feu sieur maréchal de la Meilleraye,
et un arrêt du parlement de Bretagne, portant ordonnance qu'il seroit écrit audit sieur chancelier, en faveur dudit sieur du Pin-
Pontbriand, en date du 27e août audit an 1658, et la lettre ensuite,
en date du 28e desdits mois et an ; le tout refféré, signé : Malescot
par lesquels se voit que la Cour rendit témoignage de l'innocence
dudit sieur du Pin-Pontbriand, et que c'étoit un gentilhomme réglé,
contre lequel elle n'avoit reçu aucune plainte et n'en avoit été présenté contre lui.

Sur le degré de René du Breil, père dudit Tanneguy, est rapporté :

Un contract de mariage passé entre noble homme René du Breil,
seigneur du Pin-Pontbriand, fils aîné et présomptif héritier principal et noble de noble et puissant messire Jean du Breil, seigneur
châtelain du Pontbriand, chevalier de l'Ordre du Roi, et de défunte
dame Claude de Bruslon, sa compagne et épouse, ses père et mère,
et damoiselle Jacquemine du Guémadeuc, fille de défunt haut et
puissant messire Thomas du Guémadeuc, chevalier de l'Ordre du
Roi, capitaine de cinquante hommes d'armes des ordonnances de Sa
Majesté, baron du Guémadeuc et de Bloczac, vicomte de Rezé et de
Finiac, seigneur de Québriac, grand écuyer héréditaire de Bretagne,
et de dame Jacquemine de Beaumanoir, ses père et mère, en présence de haut et puissant messire Thomas du Guémadeuc, seigneur
desdits lieux, et frère aîné de ladite dame ; ledit contract, en date du
6e septembre 1608.

Lettre écrite par M. de Vandosme à M. du Pin-Pontbriand, par
laquelle il lui mande qu'étant du mérite et du rang dont il étoit, il
se réputoit très obligé à lui d'avoir voulu faire société et amitié

2

avec ledit sieur de Vandosme, en entrant dans sa compagnie de gens d'armes, parce que ce lui faisoit espérer qu'il prendroit part en toutes ses affaires, comme il feroit aux siennes, toutes les fois qu'il plairoit audit sieur du Pin-Pontbriand, auquel il resteroit un seul avantage sur ledit sieur de Vandosme, d'être le premier à lui faire plaisir, commençant par l'assistance qu'il prioit de lui rendre ledit sieur du Pontbriand, aux Estats ensuivans, où il rechercheroit d'avoir la compagnie de ses meilleurs amis, pour empêcher de s'y passer aucune chose au préjudice du service du Roi et du bien du Pays, et que M. le baron de Molac lui feroit savoir le temps et le lieu où il pourroit joindre ledit sieur de Vandosme, pour recevoir de lui tous les remerciements qu'il pourroit témoigner par effets, étant son bien affectionné; signé : César de Vandosme, et daté du 28° juillet 1611 ; avec deux autres lettres sur le même sujet du sieur baron de Molac, écrites à son cousin, M. du Pin-Pontbriand, justifiant qu'il s'engagea dans une compagnie de gens d'armes, remise sur pied par ledit sieur de Vandosme, dont étoit lieutenant ledit sieur baron de Molac, dans laquelle il servoit; lesdites lettres, en date des 9° juin 1610 et 13° août 1611, signées : de Molac.

Un acte de fondation faite par ledit messire René du Breil, chevalier, et dame Jacquemine de Guémadeuc, sieur et dame du Pontbriand, et le corps politique des paroissiens de Saint-Sauveur de Dinan, qui accordent auxdits sieur et dame du Pontbriand qu'en considération des obligations qu'ils ont à leurs ancêtres, il sera dit à perpétuité une messe, chaque semaine, pour les sieurs du Pontbriand, avec les prières nominales ; ledit, acte, en date du 30° janvier 1611.

Un acte de transaction passé entre ledit messire René du Breil, chevalier, et dame Françoise du Breil, sa sœur puînée, femme de noble homme Jean de Pontüal, sieur de la Villerevaud, touchant les successions de haut et puissant messire Jean du Breil, chevalier, et de dame Claude de Bruslon, seigneur et dame du Pontbriand, leurs père et mère communs, par lequel ils reconnoissent lesdites successions être nobles et de gouvernement noble et avantageux, et partagent entre eux noblement et avantageusement, ainsi qu'avoient fait leurs prédécesseurs, suivant l'assize du comte Geffroy ; ledit acte, en date du 6° août 1612.

Acte d'hommage fait, en la Chambre des Comptes de Bretagne, par ledit René du Breil, chevalier, à cause du décès de défunt messire Jean du Breil, son père, dont il possédoit les héritages, comme fils aîné, héritier principal et noble, en date du 8° juin 1617.

Aveu rendu, en ladite Chambre des Comptes, par ledit messire René du Breil, des héritages qu'il possédoit noblement de la succession lui échüe noblement desdits défunts messire Jean du Breil et dame Claud : de Bruslon, sa compagne, ses père et mère, dont il étoit fils ainé, héritier principal et noble ; ledit aveu, en date du 17e avril 1618.— Arrêt rendu à ladite Chambre des Comptes de Bretagne, portant la réception faite dudit aveu, en date du 8e février 1619. — Addition faite par ledit messire René du Breil audit aveu ci-devant, dudit jour 17e avril 1618 ; ladite addition, en date du 4e may 1627.

Un ordre donné audit messire René du Breil par le feu sieur de Brissac, portant ordonnance audit sieur du Pontbriand de faire soigneusement garder son château,et,à cet effet, faire entrer dedans, chacun jour et nuit, jusqu'au nombre de dix hommes de ses sujets, avec armes convenables, enjoignant de lui obéir ; ledit ordre,en date du 21e septembre 1622.

Autre ordre et mandement donné par le sieur maréchal de Thémines, lieutenant général pour le Roi en Bretagne, au dit sieur du Pontbriand, capitaine garde-côtes, de faire faire la garde aux lieux où il jugeroit nécessaire, et de se servir des signaux de feu, en cas d'alarme, afin que les communautés en eussent pu être plus tôt averties, et le secours, à besoin, être donné ; ledit ordre, en date du 17e janvier 1627.

Quatre ordres particuliers envoyés et donnés audit sieur du Pin-Pontbriand, par le sieur de Brissac, pour la conservation et garde des côtes, faire des signaux de feu en cas d'alarme et fortifier sa maison ; en date des 7e septembre 1616, 7e février 1625, 4e juin 1628 et dernier juillet audit an.

Cinq actes et lettres, par lesquels se voit que le feu sieur du Bois-de-la-Motte, ayant surpris une commission du feu sieur de Vandosme, et ayant voulu exécuter ladite commission dans les paroisses de Pleurtuit, Saint-Briac, Lancieu, Ploubalay et autres, dans lesquelles paroisses tous les seigneurs du Pontbriand sont nés capitaines gardes-côtes, ledit messire René du Breil s'y opposa et même empêcha l'exécution de ladite commission, dont ledit sieur du Bois-de-la-Motte s'étant plaint, ledit sieur de Vandosme envoya le grand provôt pour en informer ; mais le Parlement,ayant eu connoissance que, de tout temps, ceux du Pontbriand ont fidèlement servi le Roi dans cette charge, ordonna qu'il en seroit écrit audit sieur de Vandosme, et députèrent pour cet effet Monsieur de Marbœuf, président, et Monsieur Poupin, conseiller en la Cour ; lesdits actes, datés des 12e avril 1625, 13, 17 et 21e dudit mois d'avril audit an 1625.

Deux lettres écrites par Louis, roi de France, à Monsieur du Pont-briand, portant avis de l'assignation de la tenue des Estats de Bre-tagne, à ce qu'il eût à s'y trouver, pour délibérer et donner son con-sentement aux propositions de Sa Majesté, en date du 11° septembre 1618 et 11° août 1625, signées : Louis.

Trois lettres écrites et adressées par Monsieur le duc de Vandosme audit sieur du Pontbriand, touchant les ordres et avis particulier de Sa Majesté, et pour les tenue et assemblée des Estats de Bre-tagne et autres affaires entre eux ; lesdites lettres, en date des 9° may, 5° juin et 27° août audit an 1625, signées : César de Van-dosme.

Lettre écrite par le sieur comte de Vertus, adressée et écrite au-dit sieur du Pontbriand, par laquelle il lui mande que le Roi et la Reine lui commandent d'assembler le plus qu'il pourroit de no-blesse pour occasion qui regardoit leur service, ce qui l'auroit obligé de le supplier de se rendre en cette ville de Rennes, dans trois et quatre jours, avec son équipage et ce qu'il pourroit avoir de gen-tilshommes ses amis, et, le faisant, croire qu'il y alloit du service du Roi, (pourquoi) il feroit les diligences possibles ; ladite lettre, en date du 17° may 1644, signée : Claude de Bretagne.

Contract d'acquêt fait par ledit messire René du Breil, chevalier, et dame Jacquemine de Guémadeuc, sa compagne, avec haut et puis-sant messire Sébastien, marquis de Rosmadec, de la terre et sei-gneurie de la Houlle, audit sieur marquis appartenante, en date du 6° novembre 1634.

Aveu rendu par ledit sieur du Pontbriand, à la Chambre des Comptes, de ladite terre et seigneurie de la Houlle, le 7° no-vembre 1634.

Un ordre donné audit sieur du Pontbriand, par le cardinal de Richelieu, grand maistre, chef et surintendant général de la naviga-tion et commerce de France, gouverneur et lieutenant général pour le Roi en Bretagne, pour commander et gouverner la côte, recon-noissant que c'étoit sans raison que le sieur du Bois-de-la-Motte vouloit commander, en vertu d'une commission surprise et bientôt révoquée ; ledit ordre, en date du 1er décembre 1636.

Lettre écrite par ledit sieur cardinal de Richelieu au sieur du Pontbriand, auquel il ordonne de faire informer et de pour suivre en justice le châtiment, contre ceux qui s'étoient jetés au village du débris arrivé à la côte ; ladite lettre et ordre, en date 8° mars 1633.

Acte de donation mutuelle fait entre haut et puissant messire

René du Breil et noble dame Jacquemine de Guémadeuc, seigneur et dame du Pontbriand, en date du 10° juin 1633.

Un passeport donné par Louis treizième, roi de France, audit sieur du Pontbriand, ses gens, chevaux et équipage, pour s'en retourner en Bretagne, daté de Roye, le dernier septembre 1636 ; signé : Louis, et scellé.

Une sauvegarde octroyée par Louis treizième, roi de France, audit sieur du Pontbriand, avec deffense à tous officiers de quelque qualité qu'ils soient, gens de guerre ou autres, de loger ni souffrir être logés dans la maison du Pontbriand et paroisses en dépendantes, étant sur la côte de la mer, ni qu'il y fût pris fouage, ni outragé aucune chose ; ladite sauvegarde, en date du 23° octobre au même an 1636, signée : Louis, et scellée.

Autre sauvegarde donnée par le sieur duc de Brissac, grand pannetier de France, lieutenant général pour le Roi en Bretagne, en faveur dudit sieur du Pontbriand, tant pour ses terres que pour celles des sieurs de la Motte-Olivet et de Rais ; ladite sauvegarde, en date du 24° septembre audit an.

Une commission adressée par le sieur maréchal de Brézé audit sieur du Pontbriand, avec ordre et charge de garder la côte où est située ladite maison et château du Pontbriand, ainsi qu'il avoit ci-devant fait ; le dit ordre, en date du 4° avril 1645, signé et scellé.

Lettres patentes octroyées par le Roi audit messire René du Breil, chevalier, sieur du Pontbriand, portant augmentation de deux foires, par chaque année, à sa terre du Pontbriand, avec annexe de la terre de la Houlle, des fiefs de Launay-Comatz et de la Ravillais ; lesdites lettres, données au mois de décembre l'an 1650, signées : Louis, et scellées. — Arrêt de la Cour portant ordonnance que lesdites lettres seroient enregistrées, en date du 30° juin 1668 ; signé : Malescot, greffier, et le certificat étant sur le reply desdites lettres, d'avoir icelles été enregistrées ledit jour, 30° juin dernier ; signé : le Clavier.

Une commission accordée et concédée par ledit sieur de Vandosme audit sieur du Pontbriand, pour faire bâtir un vaisseau de tel port qu'il verroit bon être, à la charge de garder et faire garder la côte et les ordonnances de la marine ; ladite commission, en date du 8° octobre 1650.

Autre commission donnée audit sieur du Pontbriand, par ledit sieur de Vandosme, de la garde de son château du Pontbriand et côtes et paroisses en dépendantes, tout ainsi que ses prédécesseurs, en date dudit jour, 8° octobre 1650.

Lettres patentes octroyées par Sa Majesté au dit sieur du Pontbriand, par lesquelles, reconnoissant que, de tout temps immémorial, ledit sieur du Pontbriand, son père, aïeul, bisaïeul et trisaïeul se sont employés pour le service des rois de France, qu'il s'estoit trouvé à plusieurs sièges et batailles, aussi bien que ses enfants, qui avoient servi fort longtemps, Sa Majesté érige ladite terre du Pontbriand en *Comté*, avec augmentation d'un marché et confirmation de deux foires; lesdites lettres, datées du mois de décembre 1650, signées: Louis, et scellées.

Deux hommages faits à la Chambre des Comptes par ledit messire René du Breil, chevalier, l'un en date du 27ᵉ avril 1627, et l'autre du 14ᵉ novembre 1652; signés et scellés.

Un ordre du duc de la Meilleraye, grand maistre de l'Artillerie, pair et maréchal de France, lieutenant général pour le Roi en Bretagne, donné audit sieur du Pontbriand, de faire faire revue aux sujets du Roi et à tous ses gens, dans sa capitainerie, et leur ordonner de se munir de poudre, mêches, plomb et armes; ledit ordre, en date du 12ᵉ may 1652.

Autre copie d'ordre sur le même sujet, donné par ledit duc de la Meilleraye à tous gouverneurs, capitaines et gardes-côtes, en date du 28ᵉ avril audit an 1652, avec copie de lettre d'avis écrite par Nicolas Heurtaut, syndic de Saint-Malo, le 3ᵉ may audit an, touchant la descente que vouloient faire les Anglois en France, afin que l'on se fût préparé à conserver et garder les côtes.

Un mémoire de la route que devoit tenir la recrue de la compagnie du sieur de Sassey, du régiment de cavalerie de Monsieur le prince de Condé, pour aller en Catalogne, en date du 22ᵉ février 1648 ; signé : Louis.

Autre mémoire de route que devoit tenir la recrue de la compagnie de chevau-légers capitaines (*sic*) au régiment de Monsieur le Prince, entrant en Catalogne. en date du 11ᵉ mars 1648.

Une lettre écrite par le Roi au capitaine de la Lande, lieutenant d'une compagnie d'infanterie dans le régiment de Rembures, portant ordre de recevoir le nommé d'Avène, enseigne dans ladite compagnie, suivant l'intention de la Reine mère ; ladite lettre, en date du 14ᵉ jauvier 1651, signée : Louis.

Lettres écrites à Monsieur du Pontbriand, capitaine au régiment de Rembures, le 11ᵉ mars 1651, signées : de Rembures.

Lettres patentes de Sa Majesté, octroyées au sieur de la Garde-Pontbriand, portant provisions de la charge de capitaine dans le régiment d'infanterie de Rembures, par la démission du capitaine de la Lande; lesdites lettres, en date du 6ᵉ janvier même an 1651, signées : Louis, et scellées.

Deux lettres du Roi, signées : Louis, et plus bas : le Tellier, l'une du 10e avril 1653, adressante aux habitants de Bricour, pour faire payer les ustensiles (?) à deux compagnies du régiment de Rembures, et l'autre, adressée au capitaine Pontbriand, commandant une compagnie d'infanterie au régiment de Rembures, où le Roi lui ordonne de recevoir un lieutenant, datée du 14e juillet 1653.

Deux autres lettres du Roi, l'une par copie collationnée, écrite au sieur de Rembures, du 18e septembre 1654, l'autre par original, signée : Louis, et plus bas : le Tellier, écrite au capitaine Pontbriand, en date du 30e septembre audit an, par laquelle il lui ordonne de recevoir un enseigne.

Lettres octroyées par Sa Majesté audit sieur capitaine Pontbriand, portant commission et charge de capitaine de la compagnie qu'avoit le capitaine Damas dans le régiment d'infanterie de Rembures, étant vacante par sa mort ; les dites lettres, en date du 7e avril 1655, signées : Louis, et plus bas : le Tellier, et scellées ; avec l'attache et réception du duc d'Epernon, gouveneur et lieutenant général pour le Roi en Bourgogne, en date du 19e avril 1655, signée et scellée.

Une attestation du sieur maréchal de Turenne que ledt, René du Breil, seigneur du Pontbriand, capitaine au régiment de Rembures, a fidèlement servi, en qualité de capitaine, aux sièges de Landrecys, Condé et Saint-Guillin, en date du 24e août 1656 ; signé : Turenne, avec le cachet de ses armes.

Un passeport donné au sieur du Pontbriand, capitaine dans Rembures, par ledit sieur de Turenne, le 9e septembre audit an 1655; signé : Turenne, avec le même cachet.

Deux lettres écrites par Sa Majesté à Monsieur de Rembures, maistre de camp d'un régiment d'infanterie pour son service, ou, en son absence, à celui qui commandoit ledit régiment; icelles signées : Louis, portant les ordres et avis du Roi, en date des 9e et 26e février 1657.

Lettres octroyées par le Roi au sieur de la Garde-Pontbriand, portant provision de la charge de capitaine d'une compagnie de chevau-légers de quatre-vingt dix maistres, en date du 3e jour de may 1657, signées : Louis, et scellées.

Un brevet donné par le comte de Thorigny de Matignon, lieutenant général pour le Roi dans ses armées et en son gouvernement, portant ordre aux habitants par où passeroit la compagnie de chevau-légers du sieur de Pontbriand, du régiment de cavalerie de Richelieu, sur le chemin qu'elle devoit tenir, de leur fournir d'étapes et vivres ; le dit ordre, en date du 30ᵉ may audit an 1657, signé : de Matignon, avec le cachet de ses armes.

Lettre du Roi, écrite le 15ᵉ may 1657, à Monsieur du Boulay–Faunier, conseiller en son Conseil d'Estat, maistre ordinaire des requêtes de son Hôtel, départi à faire ses visites en la généralité d'Alençon, portant ordonnance pour l'assemblée des compagnies de chevau–légers des sieurs de Neuville et du Pontbriand, du régiment de cavalerie du sieur marquis de Richelieu ; ladite lettre signée : Louis ; et plus bas : le Tellier.

Copie d'autre ordre donné par le Roi, pour la même compagnie de chevau–légers dudit sieur du Pontbriand, à fin de changement de quartier d'assemblée, en date du 11ᵉ juin audit an.

Autre ordre et mandement donné par le sieur de Boislandry, maistre ordinaire des requêtes de l'Hôtel, commissaire départi pour le service de Sa Majesté en la généralité de Caen, aux eschevins et habitans de Gers, de recevoir et loger les officiers et chevau–légers de ladite compagnie de Pontbriand, à mesure qu'ils y arriveroient, et de fournir aux présens et effectifs, les vivres nécessaires ; ledit mandement, en date du 14ᵉ juin audit an 1657, signé : d'Aligre.

Un autre, donné audit sieur du Pontbriand, par Monsieur le duc de Longueville, gouverneur et lieutenant général pour le Roi en Normandie, de passer et faire l'assemblée de sadite compagnie à Gers et au lieu du Teilleul, et, aux habitants et eschevins, de loger ladite compagnie et de leur fournir les vivres et choses nécessaires ; ledit ordre, en date du 15ᵉ juin audit an ; ledit ordre signé dudit sieur de Longueville.

Un extrait de la revue faite de la compagnie de chevau–légers dudit sieur du Pontbriand, du régiment de cavalerie de Richelieu, du 26ᵉ jour desdits mois et an.

Un certificat des eschevins et habitants de Reux, que ladite compagnie étoit composée de capitaine, lieutenant, cornette, maréchal des logis, trompette et quarante-quatre cavaliers effectifs, en date du 15ᵉ juillet audit an.

Une lettre signée : Louis, et plus bas : le Tellier, adressante audit commandant du régiment de Richelieu, en l'absence du sieur marquis dudit lieu, le 16ᵉ décembre audit an.

Un ordre du Roi, signé : Louis, et plus bas : le Tellier, adressant audit sieur de la Garde-Pontbriand, comme commandant du régiment de Richelieu, portant ordre d'aller à Amiens et recevoir les ordres du marquis de Castelnaux, en date du 14ᵉ mars 1658.

Autre ordre dudit sieur de Castelnaux, en date du 28ᵉ mars audit an, signé : Castelnaux. — Autre ordre du 4ᵉ avril ensuivant, signé : Piette ; lesdits deux ordres s'adressant audit commandant du régiment de Richelieu.

Autre ordre signé : Castelnaux et Piette, ordonnant audit commandant de mener le régiment à Abbeville, en date du 7ᵉ avril audit an.

Autre ordre dudit sieur marquis de Castelnaux, du 20ᵉ dudit mois d'avril 1658. — Autre ordre du 8ᵉ may, signé : Turenne. — Autre ordre du 28ᵉ dudit mois audit an, signé : de Castelnaux ; avec un ordre et mémoire de route, pour la conduite et passage dudit régiment, signé : Louis, et plus bas : le Tellier ; en date du 15ᵉ novembre audit an 1658.

Plus, un ordre du sieur Voisin, intendant de la province de Champagne, du 3ᵉ avril 1660, avec une lettre du sieur marquis de Richelieu, pour recevoir mandat de capitaine audit régiment, adressant à Monsieur de Pontbriand, en date du 7ᵉ février audit an 1660, et une lettre, signée : Louis, et plus bas : le Tellier, par laquelle le Roi fait savoir au marquis de Richelieu, qu'il réforme la maistre de camp de son régiment et la compagnie de Mandat, et ne conserve que la compagnie du sieur de Pontbriand, en date du 20ᵉ juillet 1660.

Un ordre donné par Sa Majesté audit sieur du Pontbriand, pour faire déplacer et déloger sa compagnie de chevau-légers des quartiers où elle étoit, pour aller en garnison ; ledit ordre, en date du 7ᵉ may 1660, signé : Louis, et plus bas : le Tellier.

Autre ordre donné audit sieur de Pontbriand, pour acheminer sa compagnie de chevau-légers du régiment de cavalerie de Richelieu, suivant la route lui donnée ; ledit ordre, en date du 15ᵉ septembre audit an, signé : Louis, et plus bas : le Tellier.

Un brevet de congé donné par le Roi audit sieur de Pontbriand, capitaine d'une compagnie au régiment de cavalerie de Richelieu, d'aller vacquer à ses affaires pendant le reste de l'année, durant lequel temps, Sa Majesté vouloit et entendoit qu'il fût passé absent comme présent, aux monstres et revues qui seroient faites audit régiment ; ledit congé, en date du 6ᵉ novembre audit an 1660, signé : Louis, et plus bas : le Tellier.

Lettre écrite et adressante audit sieur du Pontbriand, capitaine d'une compagnie de chevau-légers, en date du 20ᵉ mars 1661, signée : Louis, et plus bas : le Tellier, par laquelle le Roi lui fait savoir qu'il licencie sa compagnie.

Une commission adressée par le marquis de Coesquen, en vertu

d'autre commission lui donnée par le sieur duc de Mazarini, lieutenant général des pays et duché de Bretagne, au sieur de la Garde-
Pontbriand, de la charge d'une compagnie de cavalerie, composée
de soixante-quatre maistres ; ladite commission, en date du 19ᵉ
octobre 1666.

Un contract de mariage passé entre messire René du Breil, chevalier, seigneur de la Garde-Pontbriand, et damoiselle Anne Amette,
fille de défunt écuyer Jean Amette, vivant sieur de la Rousselais, et
damoiselle Françoise Blouet, sa veuve, par l'avis de messire André
Huchet, seigneur de la Bédoyère, procureur général du Roi ; messire Gilles du Boisbaudry, avocat général, seigneur de Langan ;
messire Jean de Saint-Gilles, seigneur de Perronnay ; dame Renée du
Breil, comtesse de Montmoron ; dame Françoise de Percevaux, marquise de Querjean ; dame Françoise du Breil, dame du Chalonge-
Tréveron ; dame Françoise de Lopriac, dame vicomtesse de Queravéon ; messire René-Nicolas de Saint-Gilles, seigneur de Romillé ;
messire Jean du Breil, seigneur du Plessis-de-Retz ; dame Catherine
de Sainte-Marthe, dame du Plessis-Bruslon ; ledit contract, en date
du 24ᵉ novembre 1665.

Un autre contract de mariage passé entre messire Armand du
Breil, chevalier, sieur de Pontbriand, fils de messire René du Breil,
chevalier de l'Ordre du Roi, comte de Pontbriand, et de défunte
noble et puissante dame Jacquemine du Guémadeuc, ses père et
mère, et damoiselle Hélène de Faoucq, fille de messire Louis de
Faoucq, chevalier, seigneur de Montarlan et Fabry, et de dame
Magdeleine de Mornay ; ledit contract, en date du 10ᵉ juillet 1660.

Un contract passé entre damoiselle Mathurine du Breil et les
dames religieuses de la Visitation de cette ville de Rennes, en date
du 7ᵉ décembre 1628.

Un contract de mariage fait entre messire Jean de Saint-Gilles,
fils aîné, héritier principal et noble de feu noble et puissant messire
Gilles de Saint-Gilles, en son vivant seigneur de Perronnay, et de
dame Louise Thomas, ses père et mère, et damoiselle Renée du
Breil, fille aînée de noble et puissant messire René du Breil, chevalier de l'Ordre du Roi, et de noble et puissante dame Jacquemine
du Guémadeuc, sa compagne et épouse, seigneur et dame du Pontbriand ; ledit contract fait par l'avis et du consentement de haut et
puissant messire Jean Thomas, seigneur de la Caunelaye ; messire
René du Boisbaudry, chevalier de Malthe ; messire René-Gabriel du
Boisbaudry, sieur de Langan ; messire Jules de Saint-Gilles, seigneur de la Durantais ; messire Eustache du Boisbaudry, sieur du

Coudray ; messire Mathurin Thomas, sieur de Launay-Caunelaye, messire Charles de Saint-Gilles, sieur du Plessix ; damoiselle Jacquemine du Breil, sœur de ladite Renée, et des père et mère de ladite du Breil, future épousé ; ledit contract, en date du 8ᵉ juillet 1639.

Autre contract de mariage passé entre messire Florand de la Lande, seigneur du Lou-Trégomain, fils unique et héritier présomptif et attendant de noble et puissant Roland de la Lande et de dame Marie de Coëtlogon, ses père et mère, seigneur et dame dudit lieu, et damoiselle Jacquemine du Breil, troisième fille desdits seigneur et dame du Pontbriand, en date du 15ᵉ juin 1640.

Un partage noble et avantageux, suivant l'assize du comte Geffroy, par lequel noble et puissant messire René du Breil, et noble et puissante dame Jacquemine de Guémadeuc, seigneur et dame du Pontbriand, font division de leurs biens entre tous leurs enfants, par l'avis de haut et puissant seigneur Jean-Emmanuel de Rieux, marquis d'Assérac, parent au tiers et au quart degré desdits enfants ; de haut et puissant seigneur Sébastien de Rosmadec, marquis de Molac, parent au tiers degré ; messire Tanneguy du Breil, sieur de Belleville et de la Motte-Olivet, oncle dudit sieur du Pontbriand ; messire Gabriel du Boisbaudry, sieur de Saubois, cousin germain dudit sieur du Pontbriand ; messire Gilles Huchet, seigneur de la Bédoyère, procureur général du Roi, parent au même degré ; messire Charles du Guiny, seigneur de Bonaban, cousin germain ; messire Jean Thomas, seigneur de la Caunelaye ; ledit acte, en date du 13ᵉ juin 1648.

Deux arrêts rendus au parlement de Rouen, sur et touchant le même partage, avec lettres de commission et paréatis, prises en la chancellerie de ce pays, en date des 27ᵉ août, 3ᵉ et 25ᵉ septembre 1665.

Requête présentée au révérend père Frère Guillaume Rouxel, docteur en théologie en l'Université de Paris, du couvent des Frères Prescheurs de Dinan, le 10ᵉ juillet 1622, par laquelle se voit que ledit sieur du Pontbriand fit l'établissement du Saint-Rosaire dans la paroisse de Pleurtuit, où il parle comme fondateur de ladite église, cymetière, presbytère et dépendances, où parle et est aussi dénommé messire Claude d'Angoulvant, recteur ; messire Mathurin Bugault, subcuré d'icelle paroisse, et autres prêtres de ladite paroisse ; messire Christophe Desnos, chevalier, seigneur de la Motte-Touraude et du Pont ; écuyer Julien d'Yvignac, sieur du Closneuf et de la Bousarde ; écuyer François Olivier, sieur de la Villeaumorays et des Boisaupiette ; écuyer Noël Chauchard, sieur de Villemé et de la Villeneuve ; écuyer Jean de Rochefort, sieur de Gardon, et autres paroissiens de ladite paroisse de Pleurtuit.

Sur le degré dudit Jean, père dudit René du Breil, est rapporté :

Un contract de mariage passé entre écuyer Jean du Breil, sieur du Pin, fils ainé, héritier présomptif, principal et noble de messire Julien du Breil, sieur du Pontbriand, chevalier de l'Ordre du Roi, et de dame Marie Ferré, sa femme et compagne, et damoiselle Claude Bruslon, troisième fille de noble et puissant messire Pierre Bruslon, sieur de Beaumont, chevalier de l'Ordre du Roi et son conseiller au privé Conseil, et de dame Bonne de Tixüe, ses père et mère. Ledit contract fait de l'avis de messire Georges de Bueil, sieur de Bouillé, chevalier de l'Ordre, lieutenant général en Bretagne, et dame Louise de Launay, sa compagne ; haut et puissant messire René, baron de la Hunaudaye ; dame Jeanne du Plessis, dame d'Acigné, comme tutrice de Judith d'Acigné, fille de Jean, sire d'Acigné ; haut et puissant Jean, sire d'Espinay, comte de Durtal ; noble et puissant Claude d'Espinay, sieur des Noës ; Louis d'Espinay, sieur de la Marthe ; noble homme Bertrand Glé, sieur de la Costardais, père d'écuyer Gui Glé, sieur du Pan, héritier de Péronnelle du Pan ; messire Jean de la Piguelais ; messire François de la Piguelais ; noble homme Jean de Launay, sieur dudit lieu ; Jean Bouan, sieur de Lorgissière, mari de Gabrielle de Montbourcher, dame du Plessis-Pilet ; nobles homs René de Champaigné, sieur de Chambellé ; haut et puissant Jean, sire de Rieux, marquis d'Assérac ; haut et puissant Gui de Rieux, sieur de Châteauneuf, père de Marie de Rieux, héritière de Claude du Chastel ; haut et puissant René de Rieux, sieur de la Feillée ; dame Françoise du Puy-du-Fou, dame du Bois-Orcant, mère de Marguerite de Thiéry, fille de messire François de Thiéry, sieur du Bois-Orcant, gouverneur de Rennes ; noble et puissant François de Montbourcher, sieur du Bordage ; messire Julien Botherel, sieur d'Apigné ; noble et puissant messire Julien de Thiéry, sieur de la Prévalaye ; nobles homs Jean du Han, sieur de Launay, père d'écuyer Jean du Han, fils de Marguerite de Thiéry ; noble et puissant messire François du Breil, chevalier de l'Ordre du Roi ; autre messire François du Breil, chevalier de l'Ordre du Roi, sieur de la Roche ; messire Laurent du Breil, chevalier, sieur du Chalonge-Tréveron ; noble et puissant Gilles Ferron, sieur de la Ferronnays ; nobles homs Julien du Breil, chevalier, capitaine de trois cents hommes, sieur de Rays ; noble et puissant Toussaint, sieur de Beaumanoir, baron du Pont ; noble et puissant messire Tanneguy de Rosmadec, baron de Molac ; messire Marc de Rosmadec ; messire Claude de Rosmadec ; noble et puissant Thomas, sire du Guémadeuc ; messire Louis du Guémadeuc, sieur du Vaumadeuc ; messire Claude de Beaucé, sieur dudit lieu ; noble homme Charles Ferré, sieur de la Villèsblancs ; messire Bertrand Ferré ; noble et puissant Jean d'Acigné, sieur de la Tousche-à-la-Vache ; dame Bonne de Bellouan, dame du Bois-de-la-Motte ; noble et puissant René de Téhillac, sieur dudit lieu ; noble René Ferré, fils de Charles, et noble homme Bonaventure de Téhillac ; noble homme Gilles Ferré ; noble et puissante Hélène de la Chapelle, dame du Guémadeuc ; messire Olivier de Lanvaux, sieur du Matz, noble homme Jean le Moine et Françoise du Guémadeuc, sieur et dame de Mauron et de Beauregard ; noble homme Bertrand de Rouvray ; auquel contract, il est expressément dit que, de tout temps, les prédécesseurs du sieur et dame du Pontbriand se sont comportés noblement, usant toujours de partage noble et avantageux, suivant l'assize du comte Geffroy ; en date du 7ᵉ février 1574.

Un acte de capitulation, du 21º juin 1590, par lequel se voit que, le seigneur du Pontbriand, ayant soutenu le parti du Roi, pendant les guerres de la Ligue, dans son château du Pontbriand, le sieur de Mercœur auroit été obligé d'envoyer le capitaine de ses gardes, appelé Villeserin, assiéger ledit château, avec les forces de Saint-Malo et de Dinan, lequel siège dura trois semaines, et, ledit sieur de la Villeserain, lieutenant dudit duc de Mercœur, étant grièvement blessé devant ladite place, le commandement en demeurant aux sieurs de Rays et de la Mallerie, auroient continué le siège avec lesdites forces ; tellement que la place fut rendue par la composition que ledit sieur du Pontbriand demeureroit neutre ; avec lettres des habitants de Saint-Malo, du 12ᵉ juillet audit an 1590, adressantes à Monsieur du Pontbriand, touchant ladite capitulation.

Lettres patentes octroyées par Henry Quatre, roi de France, à Jean du Breil, chevalier de son Ordre, seigneur du Pontbriand, portant érection de la terre du Pontbriand en titre de châtellenie, avec augmentation d'un quatrième pilier à sa haute justice, et érection de marché ; dans lesquelles lettres, le Roi reconnoit que ledit sieur du Pontbriand a été deux fois pris prisonnier pour le service de Sa Majesté, qu'il a payé de grandes rançons, et le qualifie de messire et de chevalier ; lesdites lettres, du mois de mars 1598, signées et scellées.

Arrêt de la Cour, portant que lesdites lettres seroient enregistrées, lues et publiées, pour en jouir ledit sieur du Pontbriand, suivant l'intention et volonté du Roi, en date du 12ᵉ juin audit an 1598.

Autre arrêt rendu audit parlement sur la publication et enregistrement desdites lettres, le 16e jour desdits mois et an.

Lettre de commission de la Cour au premier juge, pour mettre ledit sieur du Pontbriand en possession de ladite châtellenie du Pontbriand, en date du 26e dudit mois de juin.

Lettres de jussion et commandement obtenues par ledit René du Breil, chevalier, sieur du Pontbriand, pour l'enregistrature des dites lettres d'érection, en date du 26e may 1631, signées ; avec le certificat de l'enregistrature au pied d'icelles, en date du 15e may 1632. — Lettres de commission obtenues en ladite chancellerie de Bretagne, par ledit René du Breil, chevalier, sieur du Pontbriand, en date du 19e octobre 1632.

Autres lettres de commission obtenues par ledit messire Jean du Breil, chevalier de l'Ordre du Roi, sieur du Pontbriand, pour appeler le sieur de Saint-Laurent, à fin d'apporter des lettres d'évocation qu'il disoit avoir obtenues, et de se voir déclarer non recevable ; ladite commission, en date du 15e décembre 1592[1], signée et scellée.

Ordre et commission du duc Henry de Bourbon, prince de Dombes, adressés audit seigneur du Pontbriand, pour, commander trente arquebusiers de garnison, pour la conservation de son château du Pontbriand, lui promettant de lui faire payer pour trois mois, sur l'extraordinaire de la Guerre, attendant que le Roi y eût autrement pourvu ; ledit ordre, en date du 27e août 1589.

Un passeport donné audit sieur du Pontbriand par ledit sieur prince de Dombes, au camp de Vitré, le 26e août 1589.

Une permission et pouvoir donné par ledit sieur prince de Dombes, audit sieur de Pontbriand, de faire abattre, dans la forêt et bois du Boisrufler, telle quantité d'arbres que bon lui sembleroit ; ledit pouvoir, en date du 4e juillet 1591 ; lesdits ordre et pouvoir signés : Henry de Bourbon.

Lettre du duc de Mercœur octroyée audit Jean du Breil, sieur du Pontbriand, portant commission de la charge de capitaine et commissaire au ban et arrière-ban de l'évêché de Saint-Malo, en date du 29e juillet 1587 ; signée : Philippe-Emmanuel de Lorraine ; avec l'enregistrature sur le dos d'icelle, faite au greffe roïal de Dinan.

Un ordre donné par Jean, marquis de Coësquen, lieutenant pour Sa Majesté au gouvernement de Bretagne, pour se saisir de la

----

[1] Il faut lire probablement : « 1599. »

maison forte de Trécesson, la commander et conserver pour le service du Roi, en date du 19ᵉ jour de mars 1594.

Sept lettres écrites et adressées par le roi Henry et les sieurs de Vandosme, Mercœur, Montpensier, Martigues, d'Estampes et de Brissac, audit sieur du Pontbriand, touchant les Estats généraux de la Province et les affaires particulières d'icelle, en date des 15ᵉ août 1575, 22ᵉ avril 1585, 22ᵉ juillet 1590, dernier avril 1598, 4ᵉ septembre 1600, 16ᵉ août 1606 et 17ᵉ août 1610.

Cinq partages nobles et avantageux faits suivant l'assize du comte Geffroy, entre ledit Jean du Breil, chevalier, sieur du Pontbriand, et ses frères et sœurs puînés, touchant les successions de haut et puissant messire Julien du Breil, chevalier de l'Ordre du Roi, et dame Marie Ferré, seigneur et dame du Pontbriand, leurs père et mère communs, qui les auroient reconnues être nobles et de gouvernement noble, suivant ladite assize, en date des 23 et 31ᵉ mars, 7ᵉ may 1587, 20ᵉ juin 1599 et 13ᵉ may 1601 ; les tous signés et garantis.

Un acte de donation faite par ledit messire Jean du Breil, à messire Georges du Breil, sieur de la Garde, son frère, de la somme de huit cent vingt-six escus deux tiers d'escu sol, pour les bons services qu'il avoit reçus de lui, en date du 24ᵉ mars 1587.

Trois pièces, qui sont : une requête adressée à Monsieur le connétable ; lettre de commission pour appeler le sieur du Bois-de-la-Motte, et un mémoire, en forme de généalogie, par lesquels et par les lettres de châtellenie ci-devant cottées, se voit que ledit Jean du Breil s'est trouvé en plusieurs occasions, pour le service de son prince, et que, dès son jeune âge, il étoit enseigne-colonel du régiment du Plessis-Melesse, ensuite capitaine d'infanterie et lieutenant des gens d'armes du sieur de Guémadeuc ; qu'il fut pris prisonnier et mené à Vannes, d'où il se sauva ; fit une entreprise sur Dinan, et fut une seconde fois pris prisonnier, allant à un rendez-vous que le sieur de Molac lui avoit donné pour quelqu'entreprise touchant le service du Roi ; paya trente mille livres de rançon, et fut maréchal de camp des armées du Roi à la reddition de Dinan ; la dite requête, datée du 26ᵉ novembre 1596, et les dites lettres, du 16ᵉ décembre 1599.

Une transaction passée entre messire Jean du Breil, chevalier de l'Ordre du Roi, sieur du Pontbriand, et messire Jean d'Avaugour, chevalier de l'Ordre du Roi, seigneur de Saint-Laurent et du Bois-de-la-Motte, le 16ᵉ août 1608.

Un contract d'échange entre haut et puissant seigneur messire

Charles, sire de Matignon, seigneur de la principauté de Mortagne, et noble et puissant messire Jean du Breil, seigneur du Pontbriand du Pin et autres lieux, le dernier juillet 1600.

Une enquête faite à la requête de messire Jean du Breil, sieur du Pontbriand, par écuyer Raoul Marot, sénéchal de Dinan, le 22e janvier 1610, justifiant que le Roi, par ses lettres patentes, avoit accordé audit sieur du Pontbriand, un droit sur toutes marchandises passant sur le pont Riant (?)

Une transaction passée entre messire Charles, sire de Matignon, et messire Jean du Breil, seigneur du Pontbriand, par laquelle ledit du Breil s'oblige de faire changer le jour de son marché, qui étoit un mercredi, dans un autre jour de la semaine ; la dite transaction, en date du dernier juillet 1600.

Lettre octroyée par Henry, roi de France, audit Jean du Breil, chevalier, seigneur du Pontbriand, par laquelle Sa Majesté lui accorde création de quatre foires par an et d'un marché, chaque mardi de la semaine ; lesdites lettres, datées de l'an 1609, signées : Louis, et scellées.

Arrêt de la Cour, rendu à la poursuite de Jean du Breil, chevalier, sieur du Pontbriand, portant que lesdites lettres seroient lues et bannies par trois divers jours de marché, en date du 13e février 1610.

Un arrêt de la Chambre des Comptes de Bretagne, portant que messire Jean du Breil, chevalier, sieur du Pontbriand, a fait l'hommage qu'il devoit au Roi, son seigneur, en date du 17e juin 1602.

Un contract de mariage passé entre noble homme Jean de Pontual, seigneur de la Villerevault, fils ainé, héritier principal et noble de défunt noble homme Julien de Pontual et de dame Julienne de la Villéon, sa compagne, et damoiselle Françoise du Breil, dame de Beauregard, fille de noble et puissant Jean du Breil, chevalier, seigneur du Pontbriand, et dame Claude de Bruslon, sa compagne, du 6e août 1595.

Sur le degré dudit Julien du Breil, père dudit Jean, est rapporté :

Un contract de mariage passé entre Julien du Breil, écuyer, sieur de la Marre et des Jaunais, capitaine de Redon, et damoiselle Marie Ferré, fille de feu noble et puissant Bertrand Ferré, sieur de la Garaye, et de noble et puissante damoiselle Péronelle du Guémadeuc, avec le consentement de noble et puissant Georges Ferré, frère de ladite Ferré ; révérend père en Dieu Frère Georges du Guémadeuc, abbé de Saint-Jacut ; de noble et puissant François du Breil, chevalier, seigneur de Lergay et des Hommeaux, gouverneur e lieutenant pour le Roi de Sercq et capitaine de cinquante hommes d'armes ; de noble et puissant François du Guémadeuc, sieur de Séréac ; messire Jean du Breil, sieur de la Tousche, chevalier ; Charles Ferré, sieur de la Villèsblancs ; Georges de la Moussaye, sieur de Saint-Denoual ; noble et puissant François de Guémadeuc, sieur dudit lieu ; noble et puissant Briend de Tréal et damoiselle Claude de Vandel, sieur et dame de l'Adventure et de Beaubois ; noble homme Gilles Ferré, sieur de la Barbitonnière ; noble homme Jean du Breil, sieur de Gouillon et du Chalonge ; ledit contract, en date du 20ᵉ mars 1551.

Lettres de dispenses obtenues en la Cour de Rome, pour parvenir audit mariage, attendu l'alliance qu'il y avoit entre lesdits futurs mariés, datées du mois de février au dit an 1551.

Deux transactions passées entre ledit Julien du Breil, écuyer, sieur de la Marre, capitaine de Redon, et damoiselle Marie Ferré, sa compagne, et noble homme Charles Ferré, écuyer, sieur de la Garaye, frère d'elle, touchant la légitime de ladite Marie Ferré, dans les successions de leursdits père et mère, la première, en date du 17ᵉ juin 1553, et la deuxième, du 2ᵉ novembre audit an.

Acte de transaction passé entre noble et puissant François du Guémadeuc, sieur de Beaulieu, ledit écuyer Julien du Breil et Julien Ferron, écuyer, sieur de la Mettrie, touchant le contract à titre d'échange passé entre ledit du Guémadeuc et Jacques de Launay, sieur de Séréac, et la subrogation faite audit Julien du Breil, par ledit de Launay, d'une rassiette de trois cents livres de rente ; ladite transaction, en date du 8ᵉ juin 1550.

Lettres patentes octroyées audit du Breil par le duc d'Estampes, portant commission de la charge de capitaine et commissaire général du ban et arrière-ban de l'évêché de Saint-Malo, en date du 4ᵉ avril 1562 ; signé : Jean de Bretagne.

Deux extraits des monstres générales tenues devant ledit Julien du Breil.

Un certificat donné par Georges du Bueil, seigneur de Bouillé, chevalier de l'Ordre du Roi et son lieutenant général au gouvernement de Bretagne, de ce que ledit Julien du Breil avoit été par Sa Majesté choisi et eslu au nombre des chevaliers de son Ordre, et que, suivant les lettres et volonté du Roi, en date du 26ᵉ jour de may 1570, il auroit donné audit du Breil le collier de chevalier dudit Ordre, et, de lui, pris le serment, fait et observé les cérémonies accoutumées et requises, dans l'église de Saint-Malo ; ledit certificat, en date du même jour, 26ᵉ may 1570, signé : du Bueil, et scellé.

Treize lettres, tant du Roi que des sieurs de Martigues, d'Estampes, de Montpensier et des gouverneurs de Rennes, adressantes, sur la superscription, à Monsieur de Pontbriand, chevalier de l'Ordre du Roi, portant les avis et ordres particuliers de Sa Majesté, la tenue des Estats, à ce qu'il eût à s'y trouver, pour donner son consentement aux propositions qui y seroient faites, et autres affaires concernant le service de Sa Majesté et du Roïaume.

Un brevet donné par ledit sieur de Bouillé audit Julien du Breil, sieur du Pontbriand, lieutenant du sieur de Pontcroix en la capitainerie de la ville de Dinan, pour s'y tenir, faire sa résidence et prendre garde et avoir l'œil soigneusement ; ledit brevet, en date du 2ᵉ avril 1577.

Un ordre donné audit du Breil de faire une levée de matelots et de faire marcher les gentilshommes de l'arrière-ban de l'évêché de Saint-Malo, en date du 16ᵉ février 1568.

Un autre ordre envoyé au sieur de Pontbriand, pour ce qu'il eût à couper le chemin à cinquante chevaux des ennemis qui étoient sur la route, en date du 22ᵉ février 1568.

Un autre ordre envoyé par le lieutenant général pour le Roi en Bretagne audit sieur du Pontbriand, capitaine des gentilshommes de l'arrière-ban de l'évêché de Saint-Malo, auquel il eût à envoyer lesdits gentilshommes, pour le service de Sa Majesté, dans la ville de Fougères ; ledit ordre, en date du 19ᵉ décembre 1567.

Autre ordre donné par le sieur de Bouillé, lieutenant général au gouvernement de Bretagne, audit sieur de Pontbriand, le 28ᵉ avril 1573, pour faire faire la monstre du ban et arrière-ban de Bretagne.

Plus, quarante-trois brevets et lettres, portant ordres particuliers pour le service et affaires du Roi, adressées par le sieur de Bouillé, son lieutenant général en Bretagne, au sieur du Pontbriand, capitaine des gentilshommes de l'évêché de Saint-Malo et chevalier de l'Ordre du Roi, tous signés dudit de Bouillé, depuis l'an 1561 jusqu'en 1676.

Deux inventaires et reçus consentis audit messire René du Breil, seigneur du Pontbriand, par le sieur du Plessis-de Rays, de quantité et nombre d'actes touchant leur famille, gouvernement noble, qualités et emplois, et trente-neuf lettres missives des rois, princes, gouverneurs, lieutenants généraux et autres seigneurs, adressées audit messire Julien du Breil, mentionnées dans lesdits récépissés, en date des 31ᵉ août 1616 et 4ᵉ février 1617.

Un partage noble et avantageux, par lequel nobles homs messire Julien du Breil, chevalier de l'Ordre du Roi, et dame Marie Ferré, sa compagne, seigneur et dame du Pontbriand, font partage et division de leurs biens entre tous leurs enfants, par l'avis de noble et puissant messire François du Breil, chevalier de l'Ordre du Roi, capitaine de cinquante hommes de guerre, sieur desdits lieux de Lergay et des Houmeaux, cousin germain dudit sieur du Pontbriand; nobles homs messire François du Breil, chevalier de l'Ordre, capitaine et gouverneur de Chaussé, sieur de la Roche, aussi cousin germain ; de nobles homs messire Laurent du Breil, sieur du Chalonge-Tréveron, chevalier, enseigne du sieur du Breil, parent au quart degré ; de noble et puissant Gilles Ferron, sieur de la Ferronays, fils cousin germain du sieur de Pontbriand ; noble homme Julien du Breil, chevalier, capitaine de trois cents hommes de pied, sieur de Rays, fils aussi du cousin germain dudit sieur du Pontbriand ; noble et puissant Thomas, sieur du Guémadeuc, fils du cousin germain de ladite dame ; messire Louis du Guémadeuc, chevalier, sieur du Vaumadeuc et de la Villemaupetit; de noble homme messire Claude de Beaucé, sieur de Chambellé, cousin germain de ladite dame ; Briand Ferré, écuyer, sieur de la Villèsblancs ; ledit acte, au rapport de Jean et François Ferron, notaires à Dinan, le 2ᵉ jour de février 1574.

Un acte de fondation fait entre les religieux Dominiquains de Dinan et messire Julien du Breil, chevalier de l'Ordre du Roi, et dame Marie Ferré, sa compagne et épouse, sieur et dame du Pontbriand et du Boisruffier, par lequel acte lesdits religieux lui accordent d'avoir un enfeu prohibitif dans la chapelle de Saint-Thomas, avec un tombeau élevé de trois pieds et demi et un banc à queue armoyé de leurs armes, et reconnoissent lesdits religieux que c'est en considération de ce que les prédécesseurs dudit du Breil avoient, de tout temps, fait de grands biens et aumônes audit couvent, entre autres, messire Roland du Breil, en son vivant sieur de Rays et des Houmeaux, aïeul dudit sieur de Pontbriand, qui avoit donné plusieurs rentes et fait rembrisser toute leur église et cloitre; en faveur de quoi, ils promettent de chanter une messe tous les samedis de chaque semaine; ledit acte, en date du 27ᵉ septembre 1547.

Un arrêt de la Chambre des Comptes de Bretagne, portant que messire Julien du Breil, sieur du Pontbriand, chevalier de l'Ordre du Roi, a fait la foy et hommage qu'il étoit tenu faire au Roi, son seigneur, par messire Christophe du Breil, sieur de la Mauvoisinière, aussi chevalier de l'Ordre du Roi et gentilhomme ordinaire de sa Chambre; ledit arrêt, en date du 15ᵉ may 1577.

Une transaction faite par l'avis de messire Bertrand d'Argentré entre ledit messire Julien du Breil, sieur du Pontbriand, chevalier de l'Ordre du Roi, et noble et puissant messire François du Breil, sieur dudit lieu et des Houmeaux, aussi chevalier de l'Ordre du Roi, capitaine de cinquante hommes d'armes et gentilhomme ordinaire de sa Chambre, en date du 12ᵉ février 1572.

Sur le degré dudit Roland, sont rapportés :

Deux brevets donnés, l'un par les trésoriers de France, l'autre, par les généraux des finances, par lesquels se voit que Roland du Breil étoit pourvu de lettres de la charge de conseiller et président au parlement de Bordeaux, laquelle charge étoit auparavant possédée par messire Jean de Chassaignes, dernier possesseur d'icelle, consentant lesdits trésoriers et conseillers l'entérinement desdites lettres, avec mandement de faire le payement des gages dus audit du Breil, par cause dudit office, en la manière accoutumée, suivant la volonté et l'intention de Sa Majesté portées par lesdites lettres et brevets, en date des 8ᵉ et 10ᵉ février 1489.

Un petit livre in-quarto, portant la généalogie des seigneurs de Rays du Breil, pour servir au procès pendant au parlement de Paris, en la cinquième chambre des enquêtes, ledit livre fait par André du Chesne Tourangeau, géographe du Roi, dans laquelle se voit que messire Olivier du Breil, seigneur du Chalonge-Tréveron étoit, en 1400, procureur général, fut sénéchal de Rennes et juge universel de la Province et envoyé en plusieurs ambassades.

Une information faite d'autorité du Conseil privé du Roi, pour messire René Tournemine, seigneur baron de la Hunaudais, contre messire Thomas du Guémadeuc, seigneur du Guémadeuc, et dame Marie du Bot, ladite dame douairière du Guémadeuc, sa belle-sœur; en date du 17ᵉ février 1607 et autres jours.

Lettres octroyées par Henry, roi de France, en faveur de François du Breil, chevalier, sieur dudit lieu, de la charge de capitaine gouverneur des ville et château d'Abbeville, en date du 12ᵉ may 1556, signées et scellées ; avec la réception, sur le replis, desdites lettres.

Lettres missives écrites par Charles, roi de France, à M. du Breil chevalier de son Ordre et capitaine de cinquante hommes de ses ordonnances, le 29ᵉ may 1570, par laquelle il ordonne audit du Breil de donner au sieur du Boislehou le collier de chevalier de l'Ordre du Roi, dans lequel Sa Majesté avoit choisi ledit sieur du Boislehou pour ses vertus, et, de lui, recevoir le serment avec les cérémonies accoutumées ; signées : Charles.

Autre lettre dudit Charles, roi de France, à M. du Breil, chevalier de son Ordre, capitaine de cinquante lances de ses ordonnances, portant commandement et ordre audit du Breil de se saisir du château et maison forte du Boislehou, dont dame Françoise de Montbourcher, veuve de défunt Claude du Boislehou, s'étoit emparée, avec l'aide et force de plusieurs de la prétendue religion nouvelle ; dans laquelle maison elle tenoit et avoit tenu, le fort étant garni de plusieurs pièces de canon servant pour la deffense de ladite place, avec assemblée de quantité de ladite prétendue religion, et, pour cet effet, ledit du Breil y mettre telle force qu'il jugera à propos pour la réduction de ladite place ; ladite lettre, en date du 4 juillet 1570, signée ; Charles.

Lettre écrite par Monsieur, frère du roi Charles, le 12ᵉ mars audit an 1570, adressante à Monsieur du Breil, chevalier de l'Ordre du Roi, mon seigneur et frère, capitaine de cinquante lances de ses ordonnances, par laquelle il mande audit du Breil qu'il mène sa compegnie de gens d'armes où le Roi lui commandera, l'ayant choisi pour l'assister dans une occasion et entreprise qu'il avoit faite, et au bas de ladite lettre est écrit : « Votre bon amy, Henry. »

Une lettre et brevet envoyée par Charles, roi de France, adressante « à nostre cher et bien aimé le sieur du Breil, » capitaine et gouverneur de Granville, par laquelle il le traite, au commencement de sa lettre, de « cher et bien aimé, » et lui mande avoir ordonné de faire convoquer et assembler les gens des trois Estats de Bretagne, à ce qu'il eût à s'y trouver, pour y délibérer et conclure sur les volontés de Sa Majesté ; ladite lettre, en date du 20ᵉ jour d'août 1564, signée : Charles.

Autre lettre écrite par le roi Charles à Monsieur du Breil, chevalier de son Ordre et capitaine de cinquante hommes d'armes de ses ordonnances, par laquelle il lui mande qu'il a réduit sa compagnie de cinquante hommes à trente, et qu'il ait à congédier le surplus ; ladite lettre, en date du 14ᵉ juin 1568, signée : Charles.

Une lettre adressante au capitaine de la Roche, portant avis des ordres de Sa Majesté, qui étoient la réduction des compagnies qu'elle avoit à son service ; ladite lettre, en date du 12ᵉ février 1565.

Un contract de mariage passé entre noble écuyer Charles du Breil, seigneur des Houmeaux, et noble damoiselle Guyonne de Pontbriand, fille ainée de feu noble homme messire Jean de Pontbriand et dame Marguerite le Vicomte, sa femme et compagne, le 15ᵉ mars 1496.

Un acte du 13ᵉ juillet 1416, par lequel Olivier de Pontbriand, chevalier, seigneur de Pontbriand, est fait maistre d'Hôtel de la maison du Roi.

Autre acte du 4e avril 1485, par lequel écuyer Tanguy de l'on-briand, capitaine de vingt hommes d'armes, est créé capitaine et gouverneur de Châteaubriant, par le duc François.

Autre acte, par lequel Louis d'Yvignac, chevalier, sieur dudit lieu, comme procureur de noble demoiselle dame Jeanne du Parc, veuve d'autre Jean de Pontbriand, reconnoit avoir reçu de noble et puissante dame Jeanne du Périer, dame du Hac, plusieurs choses qu'elle avoit en dépôt de feu noble homme Gui de Pontbriand, chevalier, en son vivant capitaine de Rhé, écuyer du Duc, entre autres, un couvert d'or pesant deux marcs et trois gros, une croix d'or garnie de diamans, trois diamans, deux images d'or et quantité d'autres ; ledit acte, du 26e février 1487.

Autre acte, du 22e décembre 1491, par lequel Simon de Ponthriand est retenu enfant d'honneur du Roi, et un contract de mariage passé entre Colin de Pontbriand, fils de Perrin et de Jeanne de Mauny, fille de M. Olivier de Mauny, où sont quatre sceaux ; daté du mercredy après la Saint-Marc apôtre, en l'an 1353.

Lettres octroyées à Tanneguy du Pontbriand, par François, duc de Bretagne, portant commission d'aller demeurer et garder le château de Châteaubriant, avec vingt hommes d'armes d'augmentation ; lesdites lettres, en date du 4e avril 1485.

ARRÊT de ladite Chambre rendu entre ledit procureur général et ledit René-Nouel-Marc du Breil, le 27e septembre dernier et an présent 1668, par lequel la Chambre ordonne que, dans huitaine, ledit du Breil mettroit au greffe son induction datée, pour icelle joindre à celle de son aîné, et être, sur le tout, fait droit, ainsi qu'il appartiendra ; signé : Botherel, greffier.

REQUÊTE présentée à ladite Chambre, par ledit René-Nouel-Marc du Breil, sur son seing et de maistre Michel de l'Espinay, son procureur, par laquelle il soutient être puîné de défunt messire René du Breil, vivant sieur du Pontbriand, son père, et que messire Louis du Breil, chevalier, sieur du Pontbriand, son neveu, fils de son frère aîné, est saisi des titres, lesquels il a produits, justifiant de leur qualité et filiation, au moyen desquels il prétend être noble, issu d'ancienne chevalerie et extraction noble, et, comme tel, devoir lui et sa postérité née et à naître en loïal et légitime mariage, maintenu, avec sondit fils, dans la qualité d'écuyer et dans tous les droits, privilèges, prééminences et exemptions attribués aux autres et véritables nobles de cette province, et qu'à cet effet, leur nom sera employé au rôle et catalogue d'iceux de la sénéchaussée de Rennes.

Arrêt étant au pied de ladite requête, en date du 13e jour d'octobre an présent 1668, portant ordonnance d'être montré au procureur général du Roi et mise au sac. — Signification de ladite requête et ordonnance, faite par Testard, huissier, le même jour.

INDUCTION dudit Jean-Adrien du Breil, sieur de l'Hôtellerie, tant en son nom qu'en celui desdits Charles-Gilles, François-Dominique et Gabriel du Breil, ses frères puinés, sur le seing dudit Provost, son procureur, fournie et signifiée au procureur général du Roi, par Brisson, huissier, le 26e jour du mois d'octobre dernier ; par laquelle ils soutiennent être nobles, issus d'ancienne extraction noble, et, comme tels, devoir être maintenus, eux et leur postérité née et à naitre en loïal et légitime mariage, dans la qualité d'*écuyer*, par lui et ses prédécesseurs prise, et dans les mêmes droits que ledit messire Louis du Breil, sieur du Pontbriand, représentant son aîné, et qu'à cet effet, ils seront employés au rôle et catalogue des nobles de la juridiction roïale de Saint-Brieuc ; articulant qu'ils sont fils d'écuyer Gui-Dominique du Breil et de damoiselle Périnne de Trémereuc ; que ledit Gui-Dominique étoit fils de Georges du Breil et de damoiselle Marguerite Bertho ; que ledit Georges étoit fils d'autre Georges du Breil et de damoiselle Louise Héliguen ; que ledit Georges étoit fils de messire Julien du Breil, seigneur du Pontbriand, et de dame Marie Ferré, représenté par ledit messire Louis du Breil, ainsi qu'il l'a justifié ; lesquels n'ont, en aucune façon, dégénéré à la qualité et gouvernement noble de leurs prédécesseurs, et ont, ainsi qu'eux, porté les qualités d'*écuyers, messires*, et partagé noblement et avantageusement ; ce que pour justifier, rapportent :

Sur le degré dudit Gui-Dominique du Breil, deux pièces :

La première est un extrait du papier baptismal de la paroisse de Pleuvenon, par lequel conste que Jean-Adrien du Breil, fils d'écuyer Gui-Dominique du Breil et de damoiselle Périne de Trémereuc, sieur et dame de l'Hôtellerie, fut baptisé le 24e février 1648.

La seconde est un acte et exploit judiciel fait en la juridiction de Matignon, le 1er mars 1667, portant la pourvoyance des enfants mineurs de défunt écuyer Gui-Dominique du Breil et de damoiselle Péronnelle de Tréméreuc, demeurée sa veuve, en la présence de ladite veuve, leur mère et tutrice.

Sur le degré dudit Georges, père dudit Gui-Dominique, sont rapportées trois pièces :

La première est un extrait du papier baptismal de la paroisse de Saint-Alban, par lequel conste que, le 3e jour de septembre 1617, écuyer Gui-Dominique du Breil, fils d'écuyer Georges du Breil et damoiselle Marguerite Bertho, ses père et mère, sieur et dame de l'Hôtellerie, fut baptisé en ladite église.

La seconde est une sentence rendue en la juridiction de la Hunaudais et de Montafilant, à la poursuite dudit Gui-Dominique du Breil, sieur de l'Hôtellerie, fils aîné, héritier principal et noble, par bénéfice d'inventaire, de la succession de défunt écuyer Georges du Breil, sieur dudit lieu de l'Hôtellerie, son père, contre les créditeurs en la succession de sondit père, le 26ᵉ juin 1645.

La troisième est un décret de mariage dudit Gui-Dominique du Breil, écuyer, sieur de l'Hôtellerie, fils aîné, héritier principal et noble dudit feu écuyer Georges du Breil, d'autorité de la juridiction du Hourmelin, le 12ᵉ août 1645.

Sur le degré d'autre Georges du Breil, sont rapportées deux pièces :

La première est un extrait du papier baptismal de l'église et paroisse de Saint-Malo, par lequel conste que Georges du Breil, écuyer, fils d'autre Georges du Breil, écuyer, sieur de la Garde, et damoiselle Louise Héliguen, sa femme, fut baptisé le 12ᵉ janvier 1592.

La seconde est un contract de mariage passé entre ledit écuyer Georges du Breil, sieur de la Garde-Pontbriand, seul fils et unique héritier présomptif, principal et noble d'autre écuyer Georges du Breil et de damoiselle Louise Héliguen, et damoiselle Marguerite Bertho, fille aînée d'écuyer Olivier Bertho et de damoiselle Françoise Halna, sa compagne et épouse, sieur et dame du Bignon, en date du 13ᵉ janvier 1609.

Et se justifie que ledit Georges du Breil, sieur de la Garde, étoit fils de messire Julien du Breil, seigneur du Pontbriand, et de dame Marie Ferré, par l'acte de partage des biens de leurs successions ci-devant induit par ledit sieur du Pontbriand.

REQUÊTE présentée à ladite Chambre par ledit Jean-Adrien du Breil et ses frères, par laquelle ils concluent à ce que leur induction fût jointe à celle dudit sieur du Pontbriand, qui représente leur aîné, pour être, sur le tout, fait droit jointement, comme seroit vu appartenir ; ladite requête, signée dudit Provost, procureur, avec arrêt au pied d'icelle, portant ordonnance auxdits Jean-Adrien du Breil et ses frères, de joindre leur induction à celle de leur aîné, pour y être fait droit jointement, ainsi qu'il appartiendra, en date du 15ᵉ jour dudit mois d'octobre audit an présent 1668.

REQUÊTE présentée à ladite Chambre par ledit messire François du Breil, sieur châtelain de la Motte-Olivet, et Louis du Breil, écuyer, sieur du Boisruffier, son frère puîné, tendante à ce que leur induction fût jointe à celle dudit sieur du Pontbriand, pour être fait droit jointement, ainsi qu'il seroit vu [appartenir ; ladite requête, signée dudit Provost, procureur, avec arrêt au pied d'icelle, par lequel la Chambre a ordonné au suppliant de joindre son induction à celle de son aîné, pour y être fait droit jointement, comme sera vu appartenir ; ledit arrêt, en date du 15ᵉ dudit mois d'octobre dernier.

INDUCTION desdits sieurs de la Motte-Olivet et du Breil, son frère, sur le seing dudit Provost, son procureur, par laquelle il soutient être sorti de la maison du Pontbriand, noble et d'ancienne extraction noble, et, comme tels, devoir être, eux et leur postérité, née et à naître en loïal et légitime mariage, maintenus dans les qualités d'*écuyers*, *messires* et de *chevaliers*, comme issus d'ancienne chevalerie, et dans tous les droits, privilèges et prééminences attribués aux nobles de cette province, et qu'à cet effet, leur nom sera employé au rôle et catalogue d'iceux du ressort de la juridiction roïale de Dinan ; et articule, pour fait de généalogie, qu'il est fils de messire Louis du Breil et de damoiselle Servanne Gesdouin ; que ledit Louis, son père, étoit fils de Tanneguy du Breil et de dame Marie du Coudray, lequel Tanneguy a sorti puîné de ladite maison du Pontbriand ; lesquels, en aucune façon, n'ont dégénéré à leurs ancêtres et prédécesseurs, et, tout ainsi qu'eux, se sont de tout temps comportés et gouvernés noblement, pris et porté les qualités de *messires*, *écuyers* et *chevaliers ;* ce que pour vérifier, rapporte :

Sur le degré dudit Louis du Breil, son père :

Un acte de tutelle fait au présidial de Rennes, le 20ᵉ avril 1652, après le décès de messire Louis du Breil, seigneur de la Motte-Olivet, par lequel dame Servanne Gesdouin, sa veuve, auroit été instituée tutrice et garde des enfants mineurs de leur mariage, par l'avis de leurs parens ; ladite tutelle signée : Courtois.

Sur le degré dudit Tanneguy, aïeul du sieur de la Motte-Olivet, est rapporté :

Un contract de mariage passé entre messire Louis du Breil, sieur de la Motte-Olivet, fils aîné, héritier présomptif, principal et noble de messire Tanneguy du Breil, seigneur de Belleville, et de défunte dame Marie du Coudray, ses père et mère, et damoiselle Servanne Gesdouin, fille de défunt messire Julien Gesdouin, chevalier, seigneur de la Dobiais, en son vivant conseiller du Roi en ses Conseils d'Estat et privé, président en sa Cour et parlément de Bretagne, et et de dame Françoise Frotet, sa femme, le 7ᵉ mars 1646 ; signé : Berthelot et du Chemin, notaires roïaux à Rennes ; fait par l'avis de leurs parens, qualifiés de messires, chevaliers et seigneurs.

Lettres du Roi octroyées au sieur de Belleville-Pontbriand, portant commission de la charge de capitaine d'une compagnie de cent hommes de guerre à pied, de les lever et mettre sur pied pour les conduire à l'ordre de Sa Majesté, en date du 18° août 1627 ; signées Louis, et plus bas : par le Roi, de Beauclère, scellées.

Un ordre du Roi en date du 6° janvier audit an 1642, adressant, tant audit seigneur de Belleville-Pontbriand, qu'aux seigneurs du Bois-de-la-Motte et du Gage-Perronnay, pour faire une levée de quatre mille hommes de pied.

Aveu rendu par messire Tanneguy du Breil, seigneur de Belleville-Pontbriant, à la Chambre des Comptes de Bretagne, le 3° may 1618, signé et garanti.

Un acte judiciel du siège présidial de Rennes portant la foy et hommage faite au Roi, par ledit messire Tanneguy du Breil, le 5° juin audit an 1619.

Un arrêt de la Chambre des Comptes de Bretagne, portant la présentation y faite par ledit du Breil dudit aveu, portant ordonnance, d'être lu et publié suivant l'ordonnance ; ledit arrêt, en date du 21° juin 1618.

Conclusions du procureur du Roi au siège présidial de Rennes, sur le procès pendant entre ledit Tanneguy du Breil et noble homme Bertrand Chauchart, par lesquelles ledit procureur du Roi consent que ledit du Breil fût maintenu en la possession des droits de châtellenie, fiefs, juridiction, patron et fondateur en l'église de Pleslin, à cause de la terre et seigneurie de la Motte-Olivet, tout ainsi qu'avoient droit ses prédécesseurs d'en jouir, avec deffense audit Chauchart et tous autres de le troubler à l'avenir èsdites possessions, sur les peines qui y eschéent, et pour ce qui est de la qualité de messire et autres droits honorifiques, qu'il lui fût permis d'en jouir, ainsi qu'il l'avoit fait par le passé, avec deffense audit du Breil de relever d'autres seigneurs que de Sa Majesté. Conclu au siège, le 3° août 1622 ; signé : de la Vallée.

Par le partage dudit jour, 20° de juin 1599, ci-devant induit par ledit sieur de Pontbriand, il se voit que ledit Tanneguy étoit frère puîné de messire Jean du Breil, chevalier, seigneur du Pontbriand, son frère aîné, qui lui donne ledit partage noble et avantageux, dans les successions desdits noble et puissant messire Julien du Breil, chevalier de l'Ordre du Roi, et dame Marie Ferré, seigneur et dame du Pontbriand, leurs père et mère communs.

Un extrait du rôle de la monstre des nobles sujets aux armes de l'archidiaconné de Dinan, en l'evesché de Saint-Malo, faite les 5° et 6°

may 1472, dans lequel est dénommé maistre Roland du Breil, sieur de la Villebonnette, pour lui comparant Alain le Goff, armé à blanc, page ò lance.

Un acte de décharge donné par la Reine Duchesse à noble écuyer Raoul du Breil, sieur du Chalonge, de ce que icelui Raoul avoit mené Roland du Breil, écuyer, sieur du Pontbriand, page, par commandement de ladite duchesse, en date du 23ᵉ octobre 1511.

Un inventaire fait après le décès de noble écuyer Roland du Breil, seigneur du Pin, et de dame Marie de Québriac, sa femme, dans lequel est refféré quantité et nombre d'actes, justifiant l'antiquité et la qualité noble et ancienne desdits du Breil, et qu'il y est prisé et employé deux tentes de tapisserie, dont l'une étoit relevée d'or.

INDUCTION dudit Jean du Breil, chevalier, sieur du Plessis-de-Retz, faisant tant pour lui que pour ledit messire Claude du Breil, sieur comte de Balisson, Gui-Sylvestre du Breil, François du Breil, et Guillaume-Dinan du Breil, ses enfants, sur le seing de maistre Thomas Vallays, son procureur, fournie et signifiée au procureur général du Roi par du Tac, huissier, le 28ᵉ jour dudit mois d'octobre dernier 1668 ; par laquelle ils soutiennent être nobles, issus d'ancienne chevalerie et extraction noble, et, comme tels, devoir être, eux et leur postérité née et à naître en loïal et légitime mariage, maintenus dans les qualités de *messire écuyer* et *chevalier*, et dans tous les droits, privilèges et prééminences attribués aux anciens et véritables nobles et chevaliers de cette province, et qu'à cet effet, leur nom sera inscrit au rôle et catalogue d'iceux du ressort de la juridiction roïale de Saint-Brieuc ; articulant, en fait de généalogie, que ledit sieur du Plessis-de-Retz est fils de Gui du Breil et dame Claude de Boiséon, ses père et mère ; que ledit Gui étoit fils de messire François du Breil, qui épousa damoiselle Claude d'Acigné ; que ledit François étoit fils de Julien du Breil et de damoiselle Louise Thomas ; que ledit Julien étoit fils d'Olivier du Breil et de damoiselle Magdeleine le Bégassoux, lequel Olivier étoit fils d'autre Olivier du Breil[1], qui fils étoit de Roland du Breil et de dame Olive du Chastel ; lesquels se sont, de tout temps immémorial, comportés et gouvernés noblement, pris et porté les qualités de *messires, écuyers* et *chevaliers* ; ce que pour justifier, rapporte :

Sur le degré dudit Gui du Breil, père dudit Jean :

Un partage noble et avantageux donné par haut et puissant

[1] Il faut lire « Roland, » au lieu d' « Olivier, » et remarquer, de plus, que la génération de Roland II, le président des Grands Jours, est omise.

messire Jean du Breil, seigneur du Plessis-de-Retz, comte du Plessis-Balisson, baron du Boisjean, gouverneur pour le Roi des ville et château de Dinan, fils aîné, héritier principal et noble de défunt messire Gui du Breil et de dame Claude du Boiséon, son épouse, seigneur et dame desdits lieux, à dame Hélène Pastour, veuve de messire François du Breil, vivant seigneur de la Grand-ville, et tutrice des enfants de leur mariage, et messire Gui du Breil, seignenr de Pénélan, ses frères puînés, aussi héritiers, pour leurs parts et portions, dans lesdites successions, lesquelles ils auroient reconnues être nobles et d'ancien gouvernement noble, en date du 17· octobre 1663 ; signé : du Chalonge, notaire roïal.

Sur le degré dudit François, père dudit Gui, sont rapportés :

Deux actes de partage noble et avantageux donné par messire Gui du Breil, chevalier, seigneur du Plessis-de-Retz, fils aîné, héritier principal et noble de messire François du Breil, chevalier, seigneur de Retz, et de dame Claude d'Acigné, ses père et mère, à écuyer Julien du Breil, seigneur de la Gaudinais, et messire François de Ladvocat et dame Françoise du Breil, sa compagne, seigneur et dame de la Crochais, lesdits du Breil, frère et sœur puînés dudit Gui, aussi héritiers, pour leurs parts et portions, dans les successions desdits François du Breil et femme, leurs père et mère, qu'ils reconnoissent être pareillement nobles et de gouvernement noble, en date des 22ᵉ janvier et 29ᵉ octobre audit an ; signés : Vaurozé.

Sur le degré dudit Julien, père dudit François du Breil, sont rapportés aussi deux actes de partage noble et avantageux donné par messire François du Breil, chevalier de l'Ordre du Roi, seigneur de Rays, gentilhomme ordinaire de la Chambre, fils aîné, héritier principal et noble de défunt messire Julien du Breil, chevalier, et de noble dame Louise Thomas, seigneur et dame desdits lieux, leurs père et mère, à écuyer François du Breil, sieur de la Tousche, et damoiselle Mathurine du Breil, ses frère et sœur puînés, aussi héritiers, pour leurs parts et portions, dans les successions desdits Julien du Breil et femme, lesquelles ils auroient acceptées et partagées noblement et avantageusement et reconnues être nobles et de gouvernement noble ; lesdits partages, en date des 10ᵉ juillet 1602 et 11ᵉ mars 1621.

Sur le degré dudit Olivier du Breil, père dudit Julien, est rapperté un acte de tutelle et pourvoyance faite dudit Julien du Breil, mineur, fils unique et seul héritier, après le décès de messire Olivier, son père, le 29ᵉ janvier 1553, par lequel damoiselle Magdeleine le Bégassoux, sa mère, veuve dudit défunt, auroit été instituée tutrice et garde.

Sur le degré dudit Olivier[1], père dudit Olivier, est rapporté un autre acte par lequel noble écuyer Olivier du Breil, seigneur de Gouillon, fils ainé, héritier principal et noble de défunt messire Olivier du Breil, en son vivant seigneur du Chalonge, qui fils ainé étoit aussi, héritier principal et noble de défunt écuyer Roland du Breil et Olive du Chastel, sa femme, ses père et mère, donne partage noble et avantageux à nobles gens maistre Roland du Breil, seigneur de Rays, Charles du Breil, seigneur de Plumaugat, frères dudit Olivier, premier du nom, tous enfants desdits défunts Roland du Breil et Olive du Chastel, dans les successions lesquelles ils auroient reconnues être nobles et de gouvernement noble et avantageux, et, par ledit partage, est reconnu que les successions collatérales appartiennent audit Olivier du Breil, comme fils aîné, héritier principal et noble, en date du 29e octobre 1482 ; signé : Grenier.

Un extrait tiré de la Chambre des Comptes de Bretagne, par lequel se voit aux monstres générales des nobles et sujets aux armes de l'archidiaconné de Dinan, évêché de Saint-Malo, du 5e juin 1480, messire Roland du Breil, sieur de Rays, comparant avec armes, équipage, page et lance, et a continué aux monstres des 4e septembre 1481 et 3e may 1483, et ensuite se voit par le rôle des gentilshommes tenant fiefs nobles, sujets aux ban et arrière-ban, que Julien du Breil, sieur de Rays, y fut appelé les 24e et 25e octobre 1567, et, en 1568, étant assigné et appelé, il fut excusé d'autant qu'il étoit au service du Roi ; ledit extrait, daté au délivrement du 28e septembre 1668, signé : le Tourneux.

Trois aveux et dénombrements fournis et présentés par ladite le Bégassoux, mère et tutrice dudit Julien du Breil, sieur de Rays, des biens appartenant à icelui du Breil, sieur de Retz, tant de la succession dudit Olivier du Breil, son père, que de celle échüe collatéralement de Roland du Breil, son oncle ; avec un arrêt de la Chambre des Comptes de Bretagne, portant la foy et hommage faite au Roi par ladite le Bégassoux pour ledit Julien du Breil, son fils, en date des 26e avril 1546, et 6e, 25e, 26e avril et 5e décembre 1548 ; signé et garanti.

Un hommage fait au Roi, en sa Chambre des Comptes de Bretagne, par Pierre Thomas, chevalier, sieur de la Caunelaye, curateur de Julien du Breil, mineur, sieur de Rays, pour raison des terres que ledit du Breil tenoit du Roi ; icelui, en date du 1er octobre 1556, signé : de la Tulays.

---

[1] Voir la note précédente.

Un extrait et arrêt de la Chambre des Comptes de Bretagne, portant autre hommage fait par ledit sieur de la Caunelaye, comme curateur dudit Julien du Breil, en date du même jour, 1er octobre 1556; signé dudit de la Tulays et scellé.

Un cahier d'enquête et information faites de la qualité, vie et mœurs de François du Breil, fils dudit François et de ladite Claude d'Acigné, et de leurs prédécesseurs, pour et à fin de le faire recevoir dans la dignité de chevalier de Malte, par laquelle la preuve de la noblesse, qualités et vertus desdits du Breil est suffisamment établie et vérifiée, et l'antiquité et ancienne extraction noble d'iceux; ladite information, commencée le 23e juin 1612, conclue et approuvée par les commandeurs de l'Ordre, commissaires, le 23e juillet audit an. Signé André Grain de Hénault et autres, avec l'écusson et armes desdits du Breil y attachées, et les armes des alliances par eux faites.

Un extrait de ladite Chambre des Comptes de Bretagne, portant arrêt rendu sur la requête de messire François du Breil, sieur de Rays, en date du 13e may 1602, et scellé.

Un acte de foy et hommage faite à ladite Chambre des Comptes de Bretagne, par messire François du Breil, chevalier, sieur de Rays, gentilhomme ordinaire de la Chambre du Roi, à cause des héritages lui échus par le décès de messire Julien du Breil, son père, en date du 20e jour de décembre 1614.

Un autre arrêt rendu à ladite Chambre des Comptes de Bretagne, portant ordonnance à messire François du Breil, sieur de Rays, gentilhomme ordinaire de la Chambre du Roi, de fournir et présenter son aveu et minu dans le premier jour que ladite Chambre lui donnoit de délai de grâce; ledit arrêt, en date du 20e juin 1617.

Lettres octroyées par Louis Treize, roi de France, à Gui du Breil, écuyer, sieur du Plessis-de-Rays, par lesquelles Sá Majesté l'aïant choisi pour être mis au nombre des chevaliers de son Ordre, elle auroit donné commission au comte de Brissac, maréchal de France, de lui donner le collier dudit Ordre, et, de lui, recevoir le serment avec les cérémonies accoutumées; lesdites lettres, en date du 9e jour d'avril 1619, signées : Louis, et plus bas : par le Roi, chef et souverain dudit Ordre Saint-Michel : Pottier, et scellées.

Lettre missive du roi Louis quatorzième (treizième) adressante au sieur du Plessis-de-Rays, par laquelle il lui donne avis que Sa Majesté l'avoit choisi au nombre des chevaliers de son Ordre, à ce qu'il eût à se retirer vers le maréchal de Brissac, pour recevoir de lui le collier dudit Ordre, suivant le mémoire qu'il lui adressoit pour cet effet; ladite lettre, en date du même jour, 9e avril 1619, signée : Louis, et plus bas : Pottier.

Un certificat donné par ledit sieur de Brissac, d'avoir, suivant le pouvoir et volonté du Roi, délivré et présenté le collier de chevalier de l'Ordre de Saint-Michel audit sieur du Plessix-de-Retz, lequel avoit prêté le serment avec les cérémonies accoutumées ; ledit certificat, en date du 28e septembre 1619.

INDUCTION dudit messire Anthime-Denis du Breil, sieur des Hommeaux, sur son seing et de maistre Gilles le Vieil, son procureur, fournie et signifiée au procureur général du Roi, par Busson, huissier, le 16e jour d'octobre dernier 1668; par laquelle il soutient aussi être noble, issu d'ancienne chevalerie et extraction noble, comme tel, devoir être, lui et sa postérité née et à naître en loïal et légitime mariage, maintenu dans la qualité d'*écuyer*, *messire* et de *chevalier*, et dans tous les droits, privilèges, prééminences et exemptions attribués aux anciens et véritables nobles et chevaliers de cette province, et qu'à cet effet, il sera employé au rôle et catalogue d'iceux de la sénéchaussée de Rennes ; articulant, pour fait de généalogie, qu'il est fils de Jean du Breil, lequel est fils d'autre Jean, qui fils étoit de François du Breil ; que ledit François étoit fils de Guillaume du Breil, et que ledit Guillaume étoit fils de Roland du Breil; tous lesquels du Breil ont pris la qualité de *messires* et *chevaliers* et même de *hauts et puissants*; ce que pour justifier, est rapporté :

En premier lieu, un extrait du papier baptismal de la paroisse de Saint-Broladre, par lequel conste que Anthime-Denis, fils de messire Jean du Breil et de dame Anne le Quœux, sa compagne, fut baptisé le 2e jour de juillet 1645; ledit extrait, signé : Gilles Barbot ; et fut parrain illustrissime et révérendissime Anthime-Denis Cohon, conseiller du Roi en ses Conseils d'Estat et privé, évêque et comte de Dol.

Sur le degré dudit Jean, père dudit Anthime, est rapporté :

Un partage noble et avantageux fait entre messire Anthime-Denis du Breil, seigneur des Hommeaux, fils aîné, héritier principal et noble de messire Jean du Breil, seigneur de la Roche-Colombière, et de dame Anne le Quœux, ses père et mère, et écuyer Charles du Breil, damoiselles Anne, Marguerite et Marie, ses frère et sœurs puînés, en conséquence de la démission faite entre les mains dudit sieur des Hommeaux, par sondit père, la succession duquel et de leurdite mère, ils reconnurent être noble et de gouvernement noble ; ledit partage, en date du 12e août 1663, signé : Jean du Breil, Chape et Delaisne.

Contract partie de vente et d'échange passé entre messire Regnault du Breil, seigneur dudit lieu, et dame Marie Busnel, sa compagne et épouse, et messire Jean du Breil et damoiselle Anne le Queu, sa compagne, sieur et dame de la Roche, des biens paternels desdits du Breil, par lequel messire Regnault du Breil transporte audit messire Jean du Breil, son puiné, le manoir et maison noble des Hommeaux, bois de haute futaie, garennes, colombiers, prééminences, fondation en l'église de Saint-Broladre et autres, et outre, la maison noble de la Croix-Férigat et les fiefs et baillages aïant cours et s'étendant dans sept paroisses, avec droit de basse, moyenne et haute justice, droit de quintaine et autres, qui sont exprimés audit contract, en date du 9ᵉ octobre 1635 ; signé : Pointel et Martin ; avec l'insinuation et appropriement au pied.

Un aveu fourni par messire Jean du Breil, sieur de la Roche, au sieur Cupif, évêque et comte de Dol, de partie de ladite seigneurie des Hommeaux, signé Ferron et Pinel ; avec la réception au pied dudit aveu, signée : Martin et Cornillet, en date du 30ᵉ janvier 1655.

Un partage noble et avantageux fait de la succession échüe de messire Jean du Breil, entre messire Regnault du Breil, fils aîné, héritier principal et noble, et ledit messire Jean du Breil, père dudit Anthime, son puiné, et de celle à écheoir de dame Françoise de la Bouexière, leur mère, veuve dudit Jean, leur père ; ledit partage, en date du 23ᵉ septembre 1622, signé : Gautier et Buschet ; par lequel partage lesdites successions sont reconnues nobles et de gouvernement noble, et ont été partagées par l'avis de leurs parens, gens qualifiés.

Sur le degré dudit François, père dudit Jean, est rapporté :

Un acte d'accord et transaction fait entre messire Jean du Breil et messire François de Tréal, par laquelle transaction il est dit que messire Jean du Breil a succédé audit messire François du Breil, comme son fils, héritier principal et noble, et à dame Catherine de Tréal, ses père et mère ; ledit accord, fait par l'avis de messire Olivier du Chastellier, sieur de la Haultais, président en la Cour ; messire Paul Hay, sieur des Neptumières, et messire François Becdelièvre, sieur du Bouessic, conseillers en la Cour, daté de l'an 1577, signé : Turmier et Cornier.

Un contract de mariage passé entre noble et puissant François du Breil, chevalier de l'Ordre du Roi, capitaine de cinquante hommes d'armes des ordonnances de Sa Majesté, gentilhomme ordinaire de sa Chambre, seigneur du Breil, baron des Hommeaux, et damoiselle Isabeau de Porcon, dame de la Tousche, fille ainée de la maison de Lampastre, en date du 21ᵉ janvier 1577.

Copie de lettres octroyées par Henry, roi de France, à messire François du Breil, sieur dudit lieu, chevalier de son Ordre, gentilhomme ordinaire de sa Chambre, capitaine de cinquante hommes d'armes de ses ordonnances, portant érection de la terre des Hommeaux en *baronnie*, datées du mois d'août 1575 ; avec copie de la requête, par ledit messire François du Breil présentée à la Cour, à fin d'être lesdites lettres vérifiées et publiées, et arrêt au pied, portant ordonnance d'être montrées au procureur général du Roi. Arrêt sur le tout, du 18e avril 1577, portant que lesdites lettres seroient lues et publiées au siège présidial de Rennes et aux issues des grandes messes ; et outre, un reçu au pied, portant reconnoissance de Regnault du Breil, aîné, d'avoir été saisi des originaux ; ladite reconnoissance, signée : Regnault du Breil, en date du 26e février 1622.

Un ordre particulier donné par Anne[1], mère du Roi, par lettre et missive adressante au sieur du Breil, capitaine de Granville, en date du 12e mars 1567, signée : Anne, et plus bas : Bourdin.

Un brevet donné au capitaine Breil, par Henry, roi de France, portant commission et ordre de lever trois cents hommes de pied et les tenir prêts pour en faire monstre dans la ville de Mortagne, en peu de temps ; ledit ordre, en date du 23e janvier 1551, signé : Henry.

Une autre lettre écrite par le roi Charles au capitaine Breil, gouverneur de Saint-Lô et Granville, en Normandie, portant ordre de délivrer certaine artillerie laissée en sa possession par le duc d'Estampes, en date du 23e janvier 1565 ; signée : Charles.

Copie de lettres octroyées par Henry, roi de France, portant provision de la charge de capitaine et gouverneur de l'isle de Chausé au sieur de Matignon par le décès de feu François du Breil, sieur de la Roche, en date du 1er septembre 1576.

Une mémoire fourni par ledit capitaine Breil, naguère capitaine de Saint-Quentin, avec copie d'un reçu au pied et un arrêt au commencement d'icelui, portant ordre au trésorier de l'épargne de lui payer la somme de vingt-deux mille livres, et une obligation de la somme de treize mille livres, promettant Sa Majesté de libérer ledit capitaine Breil d'autres vingt-cinq mille livres ; ledit arrêt, en date

---

[1] Le nom « d'Anne » semble ici une pure distraction de copiste, puisqu'il s'agit évidemment de la reine *Catherine* de Médecis ; à notre grand étonnement, cependant, la même erreur se retrouve dans une lettre du 1er juillet 1543, dont la Bibliothèque nationale possède une copie (*Fond français*, Bretagne, n° 22310), sous ce titre : « Lettre de la reyne *Anne* au capitaine du Breil, « gouverneur de Granville. »

du 8ᵉ septembre 1561, refféré signé : Charles ; et au pied est une reconnoissance du trésorier d'avoir reçu de Monseigneur du Breil, chevalier de l'Ordre du Roi, les cinq originaux dudit mémoire et arrêtés d'icelui y mentionnés, pour porter en Cour, suivant le vouloir de sondit seigneur, aux fins de présenter placet au Roi ; ladite reconnoissance, en date du dernier jour de janvier 1569, signée Deschamps.

Une lettre écrite à M. du Breil, chevalier de l'Ordre du Roi, capitaine de cinquante hommes d'armes de ses ordonnances, et gouverneur de Granville, portant ordre de se retirer promptement, de la part du Roi, avec sa compagnie, au lieu de Granville ; ledit ordre, en date du 29ᵉ juillet 1568.

Lettre écrite par Charles Neuf, roi de France, au sieur du Breil, capitaine de Granville, portant reçu de l'avis donné à Sa Majesté par ledit capitaine Breil d'avoir fait arrêter Boulaine, qui étoit receveur général de ses finances, dont elle lui savoit fort gré, voulant que ledit du Breil eût mis ledit Boulaine entre les mains des gens du sieur de Matignon, pour le traduire ; ladite lettre, en date du 12ᵉ jour de mars 1567.

Un ordre, par Henry Deux adressé au capitaine Breil, pour envoyer des soldats de sa garnison, afin de conserver les vivres qui seroient portés à Rocroy ; ledit ordre, en date du 3ᵉ juillet 1554.

Un avis donné par le maréchal de Chastillon, gouverneur d'Abbeville[1] des préparatifs des Espagnols, pour endommager la France, à ce qu'il eût en avertir et faire avertir les paroisses circonvoisines, et lui, de se tenir en estat ; ledit avis, en date du 4ᵉ janvier 1556.

Requête présentée au Roi par François du Breil, chevalier, sieur dudit lieu, pensionnaire ordinaire de Sa Majesté, ci-devant capitaine de trois cents hommes de guerre françois à pied des vieilles bandes, gouverneur de l'isle de Sercq, en Normandie, et aussi gouverneur d'Abbeville, capitaine de cent chevau-légers, et depuis gouverneur de Saint-Quentin, refférant autre précédente requête, aux fins d'avoir payement de la somme de cinquante-trois mille quatre-vingt-onze livres dix-huit sols dix deniers, lui due pour ses avances, tant pour le service de Sa Majesté que de ses prédécesseurs ; avec expédition au pied, portant renvoi devant les gens des Comptes, à Paris, séant au premier bureau, en date du 20ᵉ janvier 1561.

Un avis donné par le roi Charles au capitaine la Roche, capitaine

---

[1] Au lieu de « gouverneur d'Abbeville, » il faut lire sans doute : « au gou-
« verneur d'Abbeville. »

de l'isle de Chaussé, d'avoir rendu (?) sa compagnie de gens de pied au nombre de quinze, en date du 12ᵉ février 1565.

Un ordre et mandement donné par Henry Trois aux commissaire et contrôleur ordinaires des guerres qui avoient fait la dernière monstre de la compagnie d'hommes d'armes à la charge du sieur du Breil, chevalier de l'Ordre du Roi, d'avoir à y passer et enrôler René du Breil, guidon de ladite compagnie, nonobstant toutes ordonnances, et à le faire payer comme les autres ; ledit mandement, signé : Henry, en date du 6ᵉ de may 1568[1].

Un passeport donné par Charles, roi de France, au sieur du Breil, chevalier de l'Ordre de Sa Majesté, capitaine de cinquante hommes d'armes de ses ordonnances, en date du 15ᵉ mars 1574.

Autre passeport donné par Henry, roi de France, au sieur du Breil, chevalier de l'Ordre de Sa Majesté, capitaine de cinquante hommes d'armes de ses ordonnances, en date du 13ᵉ septembre 1575.

Trois actes dans lesquels est dénommé et qualifié noble et puissant Jean du Breil, baron des Hommeaux, seigneur dudit lieu et autres, en date des 7ᵉ janvier 1605 et 30ᵉ juin 1608.

Une enquête faite à la requête de messire François du Breil, chevalier, seigneur du Breil, gentilhomme ordinaire de la Chambre du Roi, gouverneur de Granville, touchant la perte et ravage des titres et enseignements des Hommeaux, en date du 4ᵉ mars 1563.

Requête présentée à ladite Chambre par messire Jean du Breil, sieur du Plessis-Chalonge, pour lui et messires Gabriel et François du Breil, ses puînés, tendante à ce que son induction fût jointe à celle dudit sieur de Pontbriand et de la dame du Chalonge, pour en jugeant, y être fait droit ainsi que sera vu appartenir ; ladite requête, signée : Justel, procureur.

Arrêt rendu sur ladite requête, le 19ᵉ octobre an présent 1668, par lequel la Chambre a joint ladite requête aux inductions des aînés dudit du Breil, sieur du Plessis, pour, en jugeant, y être fait droit, comme sera vu appartenir, signé : le Clavier, greffier ; avec la signification au pied, faite au procureur général du Roi par Testart, huissier, le 25ᵉ dudit mois d'octobre dernier.

Induction dudit sieur du Plessis-Chalonge, pour lui et lesdits Gabriel et François du Breil, sur le seing de maistre Georges Justel, leur procureur, fournie et signifiée au procureur général du Roi

---

[1] Il y a erreur soit pour la date, soit pour l'attribution de cette pièce à Henri III, qui ne monta sur le trône qu'en 1574.

par Testart, huissier, le 25ᵉ jour desdits mois et an ; par laquelle il soutient lui et lesdits puinés être pareillement nobles, sortis d'ancienne chevalerie et extraction noble, et, comme tels, devoir être, eux et leur postérité née et à naître en loïal et légitime mariage, maintenus dans les qualités d'*écuyer*, *messire* et *chevalier*, et dans tous les droits, privilèges, prééminences, prérogatives, immunités et exemptions attribués aux anciens et véritables nobles de cette province, et qu'à cet effet, ils seront employés au rôle et catalogue d'iceux du ressort de la sénéchaussée de Rennes ; articulant qu'ils sont enfants issus de messire Jean du Breil et de dame Sylvie Massuel, dont ledit Jean, produisant, est l'aîné, héritier principal et noble ; que ledit Jean étoit fils puîné de messire Laurent du Breil et de dame Françoise du Bois-le-Hou, ainsi qu'il se justifie par les actes que ladite du Breil, dame du Chalonge, a induits, lesquels ils rapportent et induisent à cette fin ; et, pour montrer leur attache et descente, est aussi rapporté sur le degré de leurdit père :

Un contract de mariage passé entre messire Jean du Breil, chevalier, sieur du Plessix-Chesnel, et damoiselle Sylvie Massuel, fille de feu messire René Massuel, vivant sieur de la Bouteillerie, et de dame Suzanne Grimaud, en date du 23ᵉ octobre 1626.

Un extrait du papier baptismal de la paroisse de Pleine-Fougères, par lequel conste que Jean, fils de haut et puissant messire Jean du Breil, chevalier, sieur du Plessis-Chalonge, seigneur de la Motte, et de dame Sylvie Massuel, son épouse, fut baptisé le 22ᵉ juillet, et reçut les cérémonies de l'église le 14ᵉ octobre ensuivant 1635.

Un autre extrait de baptême de la même paroisse, par lequel conste que Gabriel, fils de messire Jean du Breil, chevalier, gentilhomme ordinaire de la Vennerie du Roi, seigneur du Plessis-Chalonge, et de noble dame Sylvie Massuel, fut né le 14ᵉ novembre 1638, et présenté à l'église le 2ᵉ septembre 1639.

Autre extrait du papier baptismal de la même paroisse, par lequel se voit que François, fils de messire Jean du Breil, chevalier, gentilhomme ordinaire de la Vennerie du Roi, seigneur du Plessis-Chalonge, et de noble dame Sylvie Massuel, son épouse, fut baptisé le 8ᵉ octobre 1640.

ARRÊT de la Chambre du 27ᵉ septembre dernier 1668, par lequel elle a ordonné à Gui du Breil, écuyer, sieur de la Corbonnais, de mettre au greffe son induction, pour icelle joindre à celle de son aîné, et être fait droit ainsi qu'il appartiendra ; signé : le Clavier, greffier.

INDUCTION dudit sieur de la Corbonnais, deffendeur, sur son seing et de maistre René Charlet, son procureur, fournie et signifiée au procureur général du Roi, par Nicou, huissier, le 12e octobre audit an présent 1668 ; par laquelle il soutient être noble, issu d'ancienne chevalerie et extraction noble, et, comme tel, devoir être maintenu dans les mêmes qualités et droits que le sieur du Pontbriand, son aîné, et qu'il sera mis au rôle et catalogue des nobles du ressort de la sénéchaussée de Rennes ; articulant qu'il est sorti de la maison du Pontbriand, dont ledit sieur du Pontbriand représente son aîné, et être fils de Julien du Breil, qui étoit fils de Georges du Breil ; que ledit Georges eut pour père ledit noble et puissant messire Julien du Breil, chevalier de l'Ordre du Roi, d'où il tire son origine, lequel et ses successeurs, prédécesseurs dudit Gui du Breil, sieur de la Corbonnais, se sont toujours comportés et gouvernés noblement, ainsi qu'il a été justifié par ledit sieur du Pontbriand, avec leurs qualités vertus et emplois ; et, pour son attache, rapporte :

Un extrait du papier baptismal de la paroisse de Saint-Léonard, évêché de Dol, par lequel conste que Gui du Breil, fils d'écuyer Julien et de damoiselle Péronnelle de Lorial, sieur et dame de la Corbonnais, fut baptisé le 1er janvier 1628, et nommé le 15e jour d'août 1629.

Un compte rendu par messire René du Breil, seigneur du Pontbriand, à écuyer Julien du Breil, sieur de Séven, fils aîné et héritier en partie de défunt écuyer Georges du Breil, vivant sieur de la Garde-Pontbriand, et héritier par bénéfice d'inventaire de feu damoiselle Anne Bouttier, sa mère, épouse en secondes noces dudit sieur de la Garde-Pontbriand, le 10e février 1619 ; par lequel compte se voit et est justifié que ledit Julien du Breil, sieur de Séven, étoit fils desdits Georges du Breil, écuyer, sieur de la Garde-Pontbriand, et damoiselle Anne Bouttier, sa femme.

Un acte de transaction du 2e avril 1621, par lequel Julien du Breil, tant en qualité de subrogé de Georges du Breil, écuyer, son frère aîné, sieur de l'Hôtellerie, que comme héritier principal et noble de damoiselle Anne Bouttier, sa mère, donne partage noble et avantageux à François, Georges et René du Breil, ses frères puinés, tant aux biens paternels que de ladite Bouttier, leur mère, reconnoissants que lesdites successions étoient nobles et d'ancien gouvernement noble, avec l'approbation du seigneur de Beaufort-Châteaubriand, comme parent et bienveillant des parties, et autres parens qualifiés.

Copie d'arrêt par lequel lesdits du Breil, puînés dudit Julien, ne s'étant arrêtés à ladite transaction après leur majorité, voulant revenir à partage, fut jugé pour être fait partage des biens nobles, noblement et avantageusement, et des roturiers, également, entre les parties ; ledit arrêt, en date du 18° juillet 1637.

Le parsus de la descente et attache dudit Gui du Breil à l'attache dudit Julien est clairement justifié par les partages ci-devant induits, et particulièrement par celui dudit 14° mars 1589.

Copie d'extraits de la Chambre des Comptes de Bretagne, dans lesquels ledit Julien du Breil est le premier des commissaires députés pour les monstres des nobles de l'archidiaconné de Dinan, en l'évêché de Saint-Malo, ès années 1567 et 1568.

INDUCTION dudit écuyer Julien du Breil, sieur du Demaine, faisant pour lui et Jean du Breil, son frère puiné, sur le seing de maistre René Morin, leur procureur, fournie et justifiée au procureur général du Roi, par Nicou, huissier, le 12° jour d'octobre dernier et an présent 1668 ; par laquelle il soutient être nobles, issus d'ancienne chevalerie et extraction noble, et, comme tels, devoir être maintenus dans les mêmes qualités et droits que ledit sieur de la Corbonnais, leur aîné, et qu'ils seront mis au rôle et catalogue des nobles de la sénéchaussée de Rennes, étant, comme ils sont, enfants de défunt René du Breil, frère dudit sieur de la Corbonnais, et de damoiselle Péronnelle Bernard, leurs père et mère ; et pour le justifier, rapporte tant le partage dudit jour, 18° juillet 1637, produit par ledit sieur de la Corbonnais, qu'un extrait du papier baptismal de la paroisse de Saint-Léonard de Pontual, par lequel conste que Julien du Breil, fils d'écuyer René du Breil et de damoiselle Péronnelle Bernard, fut baptisé le 20° juin 1647.

INDUCTION dudit Isaac du Breil, écuyer, sieur de Saint-Luen, sur le seing de maistre Gui Bouvet, son procureur, fournie et signifiée au procureur général du Roi, par Busson, huissier, le 17° jour dudit mois d'octobre dernier 1668 ; par laquelle il soutient être aussi noble, issu d'ancienne chevalerie et extraction noble ; comme tel, devoir être maintenu et gardé, lui et sa postérité née et à naître en loïal et légitime mariage, dans les mêmes qualités et droits que ledit sieur du Pontbriand, aîné de la maison du Pontbriand, dont il est sorti, et qu'il sera mis et inscrit au rôle et catalogue des nobles du ressort de la sénéchaussée de Rennes ; articulant qu'il est fils aîné de Georges du Breil, écuyer, sieur dudit lieu, et de damoiselle

Charlotte de Forges ; que ledit Georges étoit fils puîné d'autre Georges du Breil, écuyer, sieur de la Garde-Pontbriand, et de dame Anne Bouttier, son épouse ; que ledit Georges étoit frère puîné de feu écuyer Jean du Breil, représenté par ledit sieur du Pontbriand, aîné, qui a justifié la qualité de noble, de *chevalier, messire* et *écuyer*, et le gouvernement noble de ses prédécesseurs, et pour justifier celui de leurs successeurs, descendant en la personne dudit du Breil, deffendeur, rapporte :

Sur le degré dudit Georges du Breil, son père :

Un extrait du papier des mariages faits en l'église et paroisse de Miniac-Morvan, évêché de Dol, par lequel conste que, le 27° jour de février 1630, s'épousèrent, en premières noces, écuyer Georges du Breil, sieur de Saint-Luen, et damoiselle Charlotte de Forges.

Un extrait du papier baptismal de ladite paroisse, par lequel conste que, le 6° février 1635, fut baptisé noble enfant Isaac du Breil, fils d'écuyer Georges du Breil et damoiselle Charlotte de Forges, sieur et dame de Saint-Luen.

Exploit judiciel de la juridiction des vicomtes de Dinan et de la Bellière, portant la tutelle des enfants mineurs du mariage d'entre écuyer Georges du Breil, vivant sieur de Saint-Luen, et damoiselle Charlotte de Forges, sa compagne, veuve et tutrice, en date du 27° mars 1651.

Déclaration fournie à l'assemblée du ban et arrière-ban, par écuyer Georges du Breil, sieur de Saint-Luen, tant pour lui que pour damoiselle Charlotte de Forges, sa compagne, le 12° novembre 1636.

Sur le degré dudit Georges, père de Georges, est rapporté un acte judiciel, rendu en la châtellenie de Beaufort, portant la tutelle et pourvoyance des enfants mineurs de feu Georges du Breil, écuyer, sieur de la Garde, et damoiselle Anne Bouttier, vivants sieur et dame de la Garde-Pontbriand, lesquels enfants étoient : Julien, François, Claude, René, Georges et Suzanne du Breil, en date du 22° février 1616.

INDUCTION dudit messire Gui du Breil, sieur de la Tousche-de-Retz, tant pour lui que pour écuyer François du Breil, sieur de Gé-berge, écuyer Jean du Breil, sieur de la Villebotherel, et Mathurin du Breil, sieur dudit lieu, ses frères puînés, sur le seing dudit Val-lays, leur procureur, fournie et signifiée au procureur général du Roi, par Nicou, huissier, le 28° dudit mois d'octobre dernier 1668 ; par laquelle ils soutiennent être nobles, issus d'ancienne chevalerie et extraction noble, et, comme tels, devoir être, eux et leur postérité née et à naître en loïal et légitime mariage, maintenus dans la qualité de *messire* et *écuyer*, par eux prise, ainsi qu'avoient fait leurs prédécesseurs, et dans tous les droits, privilèges et prééminences attribués aux anciens nobles et chevaliers de cette province, et qu'à cette fin, ils seront employés au rôle et catalogue d'iceux du ressort de la juridiction roïale de Dinan ; articulant qu'ils sont issus d'un cadet de la maison de Retz, et qu'ils sont fils de Gui du Breil et de damoiselle Claude de Boiséon[1] ; que ledit Gui étoit fils de Julien du Breil, chevalier, sieur de Rais, dont il tire son origine, qui est représenté par ledit sieur du Plessix-de-Rais, lequel a produit les actes au soutien de ladite qualité, auxquels ils se reffèrent ; pour justifier leur descendance et attache, rapportent :

Un extrait du papier baptismal de la paroisse de Lancieu, par lequel conste que noble Gui du Breil, fils d'écuyer François du Breil et de damoiselle Julienne Ferron, ses père et mère, fut baptisé le 4ᵉ jour de décembre 1626.

Induction dudit Gilles du Breil, écuyer, sieur du Tertre-Halo, sur le seing dudit Bouvet, son procureur, fournie et signifiée un procureur général du Roi, par Nicou, huissier, le 30ᵉ jour dudit mois d'octobre 1668 ; par laquelle il soutient être noble, sorti de la maison du Pontbriand, dont l'aîné est représenté par ledit Louis du Breil, sieur dudit lieu du Pontbriand, et, comme tel, devoir être maintenu, lui et sa postérité née et à naître en loïal et légitime mariage, dans la qualité de noble et *écuyer*, par lui et ses prédécesseurs prise, et dans les mêmes droits et privilèges qne ledit sieur du Pontbriand, et qu'il sera inscrit au rôle et catalogue d'iceux du ressort de la sénéchaussée de Rennes ; articulant que ledit Gilles est fils aîné de François du Breil et de damoiselle Guyonne Jourdan ; que ledit François étoit fils puîné de défunt messire Georges du Breil et de dame Anne Bouttier, ses père et mère ; que ledit Georges étoit fils puîné de Jean du Breil, sieur du Pontbriand, qui a produit et par ses actes prouvé ladite filiation et la qualité de *messire* et d'*écuyer* ; et pour justifier son attache, rapporte :

Un acte de mariage passé entre écuyer François du Breil, sieur du Tertre-Hallo, fils puîné de défunt messire Georges du Breil et de dame Anne Bouttier, sa compagne, sieur et de dame de la Garde-Pontbriand, et damoiselle Guyonne Jourdan fille de nobles gens Ni-

---

[1] Il y a là une erreur de filiation qui fut rectifiée par un nouvel arrêt de la Chambre de réformation, du 4 février 1671.

colas Jourdan et dame Jeanne Pélerin, sa compagne, sieur et dame de la Croix-Neuve, en date du 28e avril 1625.

Un acte de tutelle et pourvoyance des enfants mineurs dudit défunt François du Breil, en la personne de ladite Jourdan, sa sa veuve et tutrice, en date du 1er mars 1634.

Requête présentée en ladite chambre par ledit Gilles du Breil, sieur du Tertre-Hallo, tendante à ce que son induction eût été jointe à celle dudit sieur du Pontbriand, pour y être fait droit jointement, comme seroit vu appartenir.

Est tout ce que, par lesdits du Breil, deffendeurs, a été mis et induit.

CONCLUSIONS du procureur général du Roi ; tout considéré, la Chambre, faisant droit sur les instances, a déclaré et déclare les-dits *Louis du Breil-Pontbriand, René* et *Anonyme du Breil*, ses frères, *René-Noël-Marc du Breil-la-Garde, François-Armand du Breil-Belleville, Claude-Judes du Breil-Chalonge* et *Ferdinand du Breil*, son frère puiné, *Jean du Breil-Plessis-de-Rays, Claude du Breil-Balisson*, son fils aîné, *Gui-Sylvestre du Breil, Guillaume-Dinan du Breil*, ses enfants puinés, *Anthime-Denis du Breil, Gui* et *Charles du Breil*, ses frères puinés, *François du Breil-Motte-Olivet*, et *Louis du Breil-Boisruffier*, son frère puiné, *Jean du Breil-l'Hôtellerie, Charles-Gilles, François-Dominique* et *Gabriel du Breil*, ses frères puinés, *Jean du Breil-Plessis-Chalonge, Gabriel* et *François du Breil*, ses puinés, *Julien du Breil du Demaine* et *Jean du Breil*, son frère puiné, *Gui du Breil-Corbonnais, Isaac du Breil-Saint-Luen, Gui du Breil-Tousche-de-Rays, François du Breil-Géberge, Jean du Breil-Villebotherel* et *Mathurin du Breil*, puinés dudit du Breil-Tousche-de-Rays, *Gilles du Breil-Tertre-Hallo*, et leurs descendants en mariage légitime, *nobles, issus d'ancienne extraction noble*, et, comme tels, a permis aux dits *Louis du Breil-Pontbriand, Claude-Judes du Breil, Jean du Breil-Plessis-de-Rays, François-Claude du Breil-Balisson*, son fils aîné, *Anthime-Denis du Breil-les-Hommeaux* et *François du Breil-Motte-Ollivet*, de prendre les qualités d'*écuyer* et de *chevalier*, et aux autres du Breil, celle d'*écuyer*, et les a maintenus aux droits d'avoir *armes et écussons timbrés* appartenant à leur qualité, et à jouir de tous droits, fran-chises, privilèges et prééminences attribués aux nobles de cette province, et ordonne que leur nom sera employé au rôle et catalogue d'iceux, savoir : lesdits Louis du Breil-Pontbriand, René et Anonyme du Breil, ses puinés ; François-Armand du Breil, Claude-Judes du

Breil et Ferdinand du Breil, son puîné ; François du Breil-Motte-Olivet, et Louis du Breil-Boisruffier, son frère puîné ; Gui du Breil-Tousche-de-Rays, François, Jean et Mathurin du Breil ses puînés, de la juridiction roïale de Dinan ; lesdits Anthime du Breil, Gui et Charles du Breil, ses puînés ; Julien du Breil du Demaine ; René-Noël-Marc du Breil ; Gui du Breil-Corbonnais, et Gilles du Breil-Tertre-Halo, de la sénéchaussée de Rennes, et lesdits Jean du Breil-Plessis-de-Rays, Claude, Gui-Sylvestre du Breil et Guillaume-Dinan du Breil ses enfants : Jean-Adrien du Breil-l'Hôtellerie, Charles-Gilles, François-Dominique et Gabriel du Breil, ses frères puînés, de la juridiction roïale de Saint-Brieuc.

Fait en la dite Chambre, à Rennes, le vingt-et-unième jour de novembre mil six cent soixante-huit.

L'original signé : A. M. Piquet, Mallescot, greffier civil de la Cour.

---

7 AOUT 1669[1].

Ecuyer *Guy du Breil*, sʳ de Poulandrez, demeurant en son manoir de Pénélan, paroisse de Quimper-Guézenec, évêché de Tréguier, ressort de Saint-Brieuc, faisant tant pour lui que pour écuyer. *Jean du Breil*, son fils aîné, *Sébastien*, *François*, *Claude* et *Claire*, ses enfans puînés, avec lui demeurans.

Dame *Hélène Pastour*, veuve de messire *François du Breil*, sʳ de la Grandville, mère et tutrice d'écuyers *Pierre*, *Jacques*, *Claude*, et damoiselle *Jacquette du Breil*, leurs enfans, demeurant en son manoir de Goazfroment, paroisse de Ploazec, évêché et ressort de Saint-Brieuc, neveux et nièce dudit Guy.

Deux comparutions des 10ᵉ novembre 1668 et 24ᵉ juillet 1669, au soutien de la qualité d'*écuyers*, pour les mâles, et *damoiselles*, pour les filles, et porter pour armes : *D'azur à un lion couronné d'argent.*

Ils reffèrent l'arrêt inséré au 1ᵉʳ registre, qui maintient Jean du Breil, chevalier ; duquel Jean ledit Guy est frère, tous deux enfans de messire Guy du Breil, chevalier de l'Ordre du Roi, et de dame Claude de Boiséon.

Lesdits Pierre, Jacques, Claude et Jacquette disent être enfans de François du Breil et de ladite Pastour, lequel François étoit aussi fils puîné dudit Guy et de ladite du Boiséon.

---

[1] Nous n'avons pas retrouvé le texte intégral de cet arrêt et du suivant ; nous en donnons, à défaut de mieux, l'abrégé, tiré du Recueil que possède la Bibliothèque de Rennes.

La Chambre les déclare nobles, issus d'*ancienne extraction noble,* leur permet la qualité d'*écuyer,* et aux filles celle de *damoiselle,* et le nom au catalogue de Saint-Brieuc. — M. Salliou, rapporteur. — *(3ᵉ registre, page 52, art. 1437.)*

4 FÉVRIER 1671

Messire *Guy du Breil,* sʳ de la Tousche-de-Retz, faisant tant pour lui que pour écuyers *René-Guy du Breil* et *Jean-François du Breil,* ses enfans, demeurant à sa maison de la Villebotherel, paroisse de Pleurtuit, évêché de Saint-Malo, ressort de Dinan.

François du Breil, sʳ de Géberge, *Jean du Breil,* sʳ de la Villebotherel, et *Mathurin du Breil,* sʳ dudit lieu, tous trois frères puînés dudit sieur de la Villebotherel.

Comparution du 21ᵉ janvier 1671 dudit sieur de la Tousche-de-Retz, pour ses enfans, au soutien de la qualité d'ancienne extraction et porter pour armes les mêmes que leur père, jugé ci-devant avec ses trois frères. — (Cet arrêt ne sert que pour les enfans dudit Guy).

Lesdits René-Guy et Jean-François, son frère puîné, articulent qu'ils sont issus dudit Guy du Breil, sʳ de la Tousche-de-Retz, et de dame Marguerite Pépin ; lesdits Guy, François, Jean et Mathurin, frères, issus d'écuyer François du Breil, sʳ de la Tousche, et de dame Julienne Ferron ; lequel François étoit fils puîné de messire Julien du Breil, seigneur de Retz, la Mallerye et autres lieux, et de dame Louise Thomas, de la maison de la Caunelaye.

Il n'y a que cela dans le veu de l'arrêt à l'égard des enfans, mais le père et ses frères articulent qu'il y a eu erreur dans le précédent arrêt du 21ᵉ novembre 1668, à l'égard de leur généalogie, dont ils demandent la correction.

La Chambre déclare lesdits *René-Guy* et *François,* nobles, issus *d'ancienne extraction noble,* leur permet la qualité d'*écuyer,* et ordonne que leurs noms seront inscrits au catalogue de Dinan.

Nota. — De plus, ladite Chambre a décerné acte auxdits Guy et ses frères, de l'erreur articulée dans leur généalogie employée dans l'arrêt du 21ᵉ novembre 1668, à la minute duquel le présent arrêt sera attaché. — (4ᵉ *registre, page 83, art. 2364.)*

Vannes.— Imprimerie LAFOLYE, 2, place des Lices.

(Extrait de la *Revue de Bretagne,
de Vendée et d'Anjou.*)

Mémoires

d'un

Nantais

Publiés sous les auspices de son petit-fils

SELIM ARONDEL DE HAYES

VANNES

LIBRAIRIE LAFOLYE

—

1896